KURZSTRECKENLESER

Texte . Medien

Doris Meißner-Johannknecht

Nix wie weg!

D1699167

Schroedel

Texte • **Medien**

»Nix wie weg!«
von Doris Meißner-Johannknecht

Copyright © 2008 Schroedel Verlag, Braunschweig

Herausgegeben von Ingrid Hintz

Aufgabenanregungen und Anhang erarbeitet von Dieter Hintz

ISBN 978-3-507-47071-2

© 2008 Bildungshaus Schulbuchverlage
Westermann Schroedel Diesterweg Schöningh Winklers GmbH, Braunschweig
www.schroedel.de

Das Werk und seine Teile sind urheberrechtlich geschützt. Jede Nutzung
in anderen als den gesetzlich zugelassenen Fällen bedarf der vorherigen
schriftlichen Einwilligung des Verlages. Hinweis zu §52 a UrhG: Weder das
Werk noch seine Teile dürfen ohne eine solche Einwilligung gescannt und
in ein Netzwerk eingestellt werden. Dies gilt auch für Intranets von Schulen
und sonstigen Bildungseinrichtungen.
Auf verschiedenen Seiten dieses Buches befinden sich Verweise (Links)
auf Internetadressen. Haftungshinweis: Trotz sorgfältiger inhaltlicher
Kontrolle wird die Haftung für die Inhalte der externen Seiten ausgeschlossen.
Für den Inhalt dieser externen Seiten sind ausschließlich deren Betreiber
verantwortlich. Sollten Sie bei dem angegebenen Inhalt des Anbieters
dieser Seite auf kostenpflichtige, illegale oder anstößige Inhalte treffen,
so bedauern wir das ausdrücklich und bitten Sie, uns umgehend per E-Mail
davon in Kenntnis zu setzen, damit beim Nachdruck der Verweis gelöscht wird.

Druck A [1] / Jahr 2008

Alle Drucke der Serie A sind im Unterricht parallel verwendbar.

Redaktion: Barbara Holzwarth, München
Herstellung: Andreas Losse
Illustrationen (Umschlag und Innenteil): Sabine Lochmann, Frankfurt/M.
Umschlaggestaltung und Layout: JanssenKahlert Design, Hannover
Satz: Bock Mediengestaltung, Hannover
Druck: pva, Landau

INHALT

Anhang

Bevor du dieses Buch liest ...

Wenn man Sport treiben und laufen will, kann man Langstrecken oder Kurzstrecken laufen. Etwas Ähnliches gibt es auch beim Lesen: Es gibt besonders dicke Bücher zum Langstreckenlesen und es gibt Bücher zum *Kurzstreckenlesen* – zum Beispiel dieses spannende Buch.

Es handelt von der 12-jährigen Viktualia, die aus dem Heim ausreißt und per Anhalter in eine unbekannte Stadt kommt. Wird sie hier entdeckt werden? Und was wird sie alles erleben? Sie hat Angst und nennt sich jetzt Maria. Aber dann findet sie auf einmal fünf neue Freunde ...

Manchmal ist es sinnvoll, beim Lesen auch Nachdenkpausen zu machen. An vielen Stellen dieses Buches findest du Anregungen dazu. Deine Gedanken kannst du direkt im Buch oder auf Zusatzblättern aufschreiben, vielleicht auch in einem Lesetagebuch.

Viel Freude beim Lesen des Buches!

DORIS MEIßNER-JOHANNKNECHT
Nix wie weg!

Sonntag

„Ich esse keine Suppe! Nein!"
5 „Aber du musst, Viktualia!"
„Nein! Ich esse keine Suppe!"
Eva, die neue Erzieherin, gibt nicht auf!
Da sind sie sich einig. Die Erzieher hier.
Immer wieder packen sie mir den Teller voll.
10 Und immer wieder schieb ich ihn weg.
Daran wird sich nichts ändern!
„Wenigstens ein Brot, Viktualia!"
Eva legt mir eine Scheibe auf den Teller.
„Ich habe keinen Hunger!", sage ich.
15 Und schiebe den Teller weg.
„Dann bestell ich den Krankenwagen!",
sagt sie. „Du weißt ja, was dann passiert!"

Klar, weiß ich. Hatte ich alles schon.
Wenn ich nicht freiwillig esse,
20 schicken sie mich in die Klinik.
Und dort hängen sie mich an den Tropf.
Damit ich nicht verhungere.
Ein halbes Jahr geht das schon so.

Seit ich hier bin. In meinem neuen Zuhause.
Das kein Zuhause ist!
Bloß ein Heim für Kinder,
die kein Zuhause haben!
5 Zuhause! Das war mal!
Das ist jetzt weg! Für immer! Und ewig!
Mama. Papa. Tristan. Alles weg!
Und seitdem ist mein Magen zu.
Es geht nichts rein.
10 Auch wenn ich wollte. Es geht nicht!

Sie grinsen mal wieder. Die andern.
Und flüstern sich was zu.
Schauen auf meine Hände.
Auf die Fingernägel, die viel zu lang sind.
15 Auf meine Haare, die noch viel länger sind.
Auf meine Klamotten.
Die rabenschwarz sind.
Sie mögen mich nicht!
Egal! Ich mag sie ja auch nicht!
20 Mir ist zum Heulen. Aber ich heule nicht.
Niemals würden die mich hier heulen sehen.
Tränen runterschlucken. Das geht.
Das geht sogar richtig gut!

Eva steht auf. Sie geht zum Telefon.
25 Jetzt ruft sie die Klinik an.

Und dann ... steh ich auf.
Einfach so. Ohne zu überlegen.
Ich geh aus dem Haus.
Zieh die schwere Eichentür hinter mir zu.
5 Und dann lauf ich los.
Nix wie weg!
Keine Ahnung, wohin! Bloß weg!
Ganz weit weg!
Vielleicht nach Australien?
10 Ich hab nämlich eine Adresse. In Sydney!
GERMAN BAKERY!
Die Adresse einer echten deutschen Bäckerei.
Und die gehört Ole. Dem Bruder von Papa.

Erst mal raus aus der Stadt.
15 Bis zur letzten Tankstelle.
Und dann ein Auto, das mich mitnimmt.
Ein möglichst schnelles.
Porsche wär das Beste.

Ich laufe und laufe. Immer geradeaus.
20 Dann nach rechts. Nicht nach links.
Nein, heute nicht nach links.
Denn dort werden sie mich suchen.
Dort haben sie mich immer wieder gefunden.
Immer, wenn ich abgehauen bin.
25 Mindestens einmal pro Woche.

Ich hab's ihnen leicht gemacht.
Wollte gar nicht wirklich weg!
Wollte bloß wieder da sein.
Wo ich immer gewesen bin.
5   Auch wenn es wehgetan hat.
Und ich jedes Mal schrecklich geheult habe.
Es war nicht mehr mein Zuhause.
Sie waren ja weg. Mama. Papa. Tristan!
Mein Versteck war kein wirkliches Versteck.
10 Bloß das alte Gartenhaus.
In unserem Haus wohnten schon lange Fremde!

Heute werden sie ganz schön blöd gucken.
Sie werden die Tür zum Gartenhaus
aufmachen. Aber da bin ich schon weg.
15 Und ich werde nie wieder zurückkommen.
Wie gut, dass ich so schnell bin.
Mit diesem Tempo könnte ich eine
Goldmedaille gewinnen.
Erst jetzt merke ich, dass es regnet.
20 Und ich – ohne Gepäck!
Aber mit Kapuzenpulli.
Der wird mich vielleicht retten.
In der Seitentasche meiner Workers ertaste ich
mein Portemonnaie.
25 Das Wichtigste hab ich dabei.
Meinen Ausweis.

Die Adresse von Ole in Sydney.
Zwei 10-Euro-Scheine. Und das Foto!
Das Foto ist sowieso das Wichtigste.
Das Allerwichtigste überhaupt.
5 Auch wenn ich es niemals anschaue.
Das täte zu weh!
Das würde ich nicht aushalten.
Das würde mich umbringen.
Und umbringen?
10 Nee! So weit bin ich noch nicht!

Wie heißt das Mädchen, das „nix wie weg" will?

_____

Von wo reißt das Mädchen aus? Warum lebt es dort?

_____

Die Kleidung des Mädchens sagt etwas über seine
Stimmung aus. Sie ist nämlich ...

_____

Warum will das Mädchen abhauen?

_____

Was mag auf dem Foto zu sehen sein?

_____

Zum Nachdenken

Erst mal weg! Und dann? Wer weiß?
Vielleicht schaff ich es ja!
Bis nach Australien!

Ich erreiche die Tankstelle schneller als
5 erwartet.
Noch ist es hell. Aber nicht mehr lange ...

Und wie geht's jetzt weiter?
Nimmt mich überhaupt jemand mit?
Jetzt kriecht Panik an.
10 Ich bin schließlich erst zwölf.
Wahrscheinlich wird mich jeder gleich bei der
Polizei abliefern.
Aber ich bin groß. Zu groß für mein Alter.
Fast eins achtzig!
15 Erst letzte Woche haben sie mich wieder
gemessen. Und durchgecheckt.
Blut abgezapft und so weiter.
Ich bin ihnen unheimlich.
Aber meine Größe könnte mich jetzt retten.
20 Die wilden Locken ins Gesicht.
Kapuze über die Ohren.
Man hat mich auch schon auf achtzehn
geschätzt. Echt!
Trotzdem trau ich mich nicht,
25 jemanden anzusprechen.

Bei jedem Fahrer kommen mir andere
Bedenken.
Die Frauen werden mich ausfragen ...
Und die Männer ...
5 Ich weiß nicht ...
Männer können gefährlich werden ...
Davor wird man schließlich ständig gewarnt.

Und nun?
Hier bleiben geht nicht. Ich muss weg.
10 Und zwar schnell.
Sonst fängt mich die Polizei wieder ein.
Aber noch seh ich kein blaues Licht.
Höre keine Sirene ...
Es wird allerhöchste Zeit, zu verschwinden.

15 Ich versuch's mal mit dem Schutzengel.
Obwohl: Schutzengel?
Mit dem hab ich keine guten Erfahrungen.
Echt nicht!
Trotzdem! Ich geb ihm noch eine Chance.
20 Schicke ein Gebet zum Himmel!
Und beschließe:
Beim dritten Wagen versuch ich mein Glück!

Der erste Wagen ist ein Audi.
Der zweite ein Volvo.

Der dritte ... leider kein Porsche.
Der dritte Wagen ist ein Lieferwagen.

Ein Mann steigt aus. Mitte vierzig vielleicht.
Dunkle Haare, dunkle Haut.
5 Könnte ein Ausländer sein.
Das Nummernschild ist mir fremd.
Schwarze Schrift auf gelb.
Ein deutsches Auto ist das nicht.
Auf dem weißen Lack steht:
10 Pizzeria MAMMA MIA!
In großen Buchstaben. Und die sind rot.
Mein Herz klopft. Mir ist übel.
Wahrscheinlich viel zu lange nichts gegessen!
Eine Pizza wär jetzt echt nicht schlecht!

15 Unsympathisch sieht er nicht aus, der Mann.
Etwas müde vielleicht.
Er tankt. Dann geht er rein zum Zahlen.
Jetzt muss mir was einfallen.
Das hier ist die Chance.
20 Er kommt schon zurück.
In der Hand eine Plastiktüte. Cola und Co.!
Mir läuft das Wasser im Mund zusammen.
Jetzt schließt er die Tür auf.
Ich muss es riskieren.
25 Jetzt. Sofort.

Ich vertraue dem Schutzengel.
Und gehe auf ihn zu.

„Entschuldigen Sie!", sage ich. „Ich habe
meinen Zug verpasst! Können sie mich ein
5 Stück mitnehmen? Bis Köln vielleicht?
Ich muss morgen nämlich in Paris sein.
Meine Großmutter hat Geburtstag.
Sie wird 80! Und aus diesem Kaff komm ich
heute nicht mehr weg!"
10 Ich rede und rede und rede.
Erfinde Geschichten.
Als wär ich Pippi Langstrumpf persönlich.

Und er hört mir zu.
Sehr aufmerksam sogar.
15 Nickt mit dem Kopf.
Dann sagt er was.
Keine Ahnung, was.
Diese Sprache kenn ich nicht.
Aber sie klingt sympathisch.
20 Warm und weich. Wie Musik im Ohr.
Dann zeigt er in Richtung Beifahrertür.
Schnell steig ich ein!
Ich schick dem Schutzengel einen fetten Dank.
Er fährt los. Geschafft!
25 Ich lehne mich zurück.

Schnalle mich an.

Und atme tief ein und aus.

Mein Herz läuft auf Hochtouren.

Immer noch.

5 Ich schau in den Rückspiegel.

Keine Sirene. Kein blaues Licht.

Der Lieferwagen fliegt mit Tempo 160 über die Autobahn.

Mein Herz beame ich in den ersten Gang.

10 Es klopft gemütlich vor sich hin.

Wie der Regen, der auf die Scheiben tropft.

Ich fühl mich gut.

Ja. Trotz allem! Irgendwie gut!

Dieses Gefühl, frei zu sein.

15 Das ist jetzt gut! Trotz der Angst!

Wie geht es jetzt weiter?

Die Autobahn ist nass.

Der Wagen viel zu schnell. Egal.

Wenn er jetzt vor den Baum fährt?

20 Auch egal. Dann bin ich bei ihnen.

Bei Mama. Bei Papa. Bei Tristan.

Jetzt nicht heulen. Nein.

Tränen runterschlucken.

Ich beobachte den Fremden.

25 Kann ich dem trauen? Keine Ahnung.

Wem kann man schon trauen? Eben!
Er kann wohl Gedanken lesen.
Jetzt redet er mit mir.
Welche Sprache kann das sein?
5 Mit Sprachen kenn ich mich nicht so aus.
Aber Türkisch, Polnisch, Russisch
ist das nicht.
Da bin ich sicher.
Das hör ich ja immer auf dem Schulhof.

10 Jetzt reicht er mir die Einkaufstüte.
Nickt mir zu. Echt freundlich.
So, als hätte er mich zum Essen eingeladen.
Und ich sage nicht Nein!
Ich greife zu.
15 Belegte Brötchen! Mit Schinken.
Knackig frisch! Und Cola! Eisgekühlt!
Und Schokolade! Mit ganzen Nüssen!
Total lecker! Echt!
Hab gedacht, ich krieg nie wieder was runter.
20 Nie wieder!
Dass Essen so gut sein kann!
Obwohl ... 'ne Pizza wär mir noch lieber
gewesen!
Die Tüte ist leer.
25 „Danke!", sage ich.
Jetzt schickt er mir ein Lächeln.

Und erzählt mir was.

In dieser Sprache, die ich nicht verstehe.

Scheint was Nettes zu sein.

„Gonzales!", sagt er.

5 Und tippt sich mit dem rechten Zeigefinger auf
die Brust.

„Maria!", sage ich.

Meinen richtigen Namen verschweige
ich lieber.

10 Wer weiß! Wenn die nach mir fahnden ...

Ich sollte mir bald meine Haare abschneiden.

Und die Fingernägel.

Und mich von meinen Lieblingsklamotten
verabschieden.

15 Der schwarzen Hose.

Dem schwarzen T-Shirt.

Dem schwarzen Kapuzenpulli.

Und den schwarzen Leinenschuhen.

Möglichst bald!

20 Wann stehen die ersten Fahndungsfotos
in der Zeitung?

Von Zeit zu Zeit schau ich in den Seitenspiegel.

Keine Sirene.

Kein blaues Licht.

25 Ich glaube, hier bin ich sicher.

Mir fallen die Augen zu.

Auch wenn ich mich anstrenge.
Ich krieg sie nicht wieder auf.
Egal.
Schlafen wär jetzt sowieso das Beste.
5 Und irgendwann aufwachen.
Und dann?
Das Heim ist dann weit weg.
Und all die kaputten Typen.
Die keiner will.

Der Fahrer des Lieferwagens heißt Gonzales. Aus welchem Land könnte er stammen?

_____

Das Mädchen nennt einen falschen Namen und möchte sein Äußeres ganz verändern. Warum?

_____

_____

_____

Das Mädchen schläft im Auto ein und träumt von seinem zukünftigen Leben. Entwirf seinen Traum auf einem Zusatzblatt:
Ich bin ...

Zum Nachdenken

Montag

Irgendwann werde ich wach.
Der Wagen hat angehalten.
Mein Blick fällt auf die Uhr. Mitternacht.
5 Ich versuche, die Augen aufzukriegen.
Nicht ganz einfach.
Gonzales ist ausgestiegen.
Er öffnet die Beifahrertür.
Soll ich aussteigen?
10 Wenn ich seine Sprache verstehen würde!
Könnte sein, dass er mir sagen will:
Die Fahrt ist jetzt zu Ende!

Also steig ich aus. Er reicht mir die Hand.
Fühlt sich nach Abschied an.
15 „Danke!", sage ich.
Dann steigt er wieder ein. Fährt los.
Und ich bin allein.

Ich schau mich um. Wo bin ich gelandet?
Vor mir ein größerer Platz.
20 Gepflastert mit alten Steinen.
Könnte ein Marktplatz sein.
In der Mitte ein Brunnen.
Sieht irgendwie nach Mittelalter aus.
Ziemlich schön.

Ein paar Kneipen, davor angekettete Stühle
und Tische.
Ein edler alter Kasten mit kleinen Türmen.
Und bunten Fenstern.
5 Könnte das Rathaus sein.
Obwohl?
Über einem Eingangsportal lese ich:
HOTEL DE VILLE!
Doch ein Hotel?
10 DE VILLE klingt absolut nicht deutsch.
Wo bin ich?
In welchem Land bin ich gelandet?
Es gibt nicht viele Möglichkeiten.
Besonders lange waren wir nicht unterwegs.
15 Holland?
In Holland haben wir oft Urlaub gemacht.
Die Sprache kenn ich gut.
Vielleicht Frankreich? Oder Belgien?
Dann bräuchte ich jetzt unbedingt ein
20 französisches Wörterbuch.
Und wie komm ich weiter?
Kein Mensch auf der Straße. Kein einziger.
Die Kneipen sind zu.
Ein paar Lichter hier und da. Das ist alles.
25 Kein besonders tolles Gefühl!
So alleine irgendwo.
Aber zurück? Nein! Das bestimmt nicht!

Der Gedanke an mein Zimmer mit Sonja
und Nele!
Der Horror! Echt!
Da schlaf ich lieber auf der Parkbank!
5 Bloß: Wo finde ich eine?
Spaziergang um Mitternacht!
Das hatte ich noch nicht.
Dass ich mich das traue!

Erst mal weg vom Marktplatz.
10 Rechts seh ich zwei große Kirchtürme.
Kirchenbank statt Parkbank.
Ein Dach über dem Kopf!
Das wär jetzt echter Luxus.

Dann steh ich auf einem großen Platz.
15 Vor mir die Kirche! Gewaltig!
Das ist keine normale Kirche.
Sieht nach uraltem Kloster aus.
Riesig groß.
Irgendwie feierlich das Ganze.
20 Aber ... die Türen sind verschlossen.
Schade!
Also doch Parkbank!
Könnte hier zu finden sein.
Klöster haben ja meistens einen Garten!
25 Etwas unheimlich ist mir schon.

Aber das hier ist keine Großstadt.
Sieht nicht so aus, als würde hier jemand
zusammengeschlagen.
Scheint ein idyllisches Städtchen zu sein.
5 Ruhig und gepflegt.
Wo am Tag die Touristen durch die Gassen
bummeln.

Ja, und dann entdecke ich mein Bett für
die Nacht.
10 Vor mir ein Park.
Ganz hinten ein kleines Gebäude.
Sieht aus wie ein Minischloss.
Oder wie ein Gartenhaus der Luxusklasse.
Und gleich daneben – die Bank!
15 Und die ist sogar lang genug für mich!
Nicht weit entfernt eine Straßenlaterne.
Mit gelbem Licht.
Damit werd ich die Nacht wohl überleben!
Falls es nicht wieder anfängt, zu regnen!
20 Ich schick dem Schutzengel ein Gebet.
So wie früher, als ich klein war.
Mit der großen Bitte, mich zu beschützen.
Gemütlich ist sie nicht gerade, die harte Bank.
Und so wirklich wohl fühl ich mich
25 auch nicht.
Besonders mutig bin ich nie gewesen.

Aber ich muss da jetzt durch.

Einschlafen!

Und dann?

Am besten wach geküsst werden.

5 Wie Dornröschen!

Aber das gibt's ja leider nur im Märchen.

Zum Glück bin ich müde. Richtig schön müde.

Mir fallen die Augen zu.

Und dann bin ich weg.

10 Als ich die Augen öffne, ist es schon hell.

Schwarze Wolken hängen am Himmel.

Es beginnt zu regnen.

Ich reibe die Augen.

Sofort bin ich hellwach!

15 Wo bin ich? Ich schau mich um.

Vor mir das Minischloss!

Da weiß ich Bescheid.

Und jetzt?

Wo finde ich ein Dach über dem Kopf?

20 Die Eingangstür ist geöffnet.

Die Rettung?

Ich betrete die alte Steintreppe.

Sehr vorsichtig. Wohnt dort jemand?

Ich höre Stimmen.

25 Es ist genau die Sprache,

die mein Retter gestern gesprochen hat.

Französisch?

Im Eingang stehen ein paar Leute.

Wahrscheinlich Touristen.

5 Kurze Hosen, Sandalen, Rucksack und
Fotoapparat.

Ein Blick durch die geöffnete Tür.

Könnte ein Museum sein.

Ein Mann sitzt an einer Art Theke.

10 Und sagt gerade:

„Wir öffnen erst um 10.00 Uhr!"

In echtem Hochdeutsch.

Das bringt mich etwas durcheinander.

Bin ich doch noch in Deutschland?

15 Das fänd ich jetzt gefährlich.

Wegen der Fahndung.

Im Ausland würde man mich nicht so schnell
vermuten.

Inzwischen hör ich einen Sprachmix.

20 Etwas verwirrend.

Ich versteh erst mal nichts.

Und dann einen Satz, der besser wirkt als zehn
Tassen Kaffee.

In absolutem Hochdeutsch. Aber etwas leise.

25 „Richtig reich werden kann man mit ehrlicher

Arbeit ja sowieso nicht! Um richtig reich zu
werden, braucht man hier nur eine Schaufel."

Ich schleiche mich näher heran.
Die Stimmen werden leiser.
5 Aber das Wichtigste kriege ich mit.
Auch wenn es keine richtigen Sätze
mehr sind.
„Schätze! Unter dem Rasen! Im Park!"

Das sind ja echt interessante Infos.
10 Bloß: Wo krieg ich jetzt eine Schaufel her?
Einen Schatz zu finden!
Davon träume ich seit dem Kindergarten!
Das alte Fieber kommt zurück.
Das Schatzsuchfieber!
15 Ein kribbeliges Gefühl kriecht an.
Vor allem in der Nase.
Ich muss niesen.
Mist!
Das Gespräch verstummt.
20 Alle Blicke gehören mir.
Und die sind nicht besonders freundlich.
Ich kenn das schon! Wie die gucken!
Die würden mich am liebsten zum Friseur
schicken.
25 Und zur Maniküre. Auf der Stelle.

Ich verzieh mich lieber.
Bevor sie die Polizei rufen.

Aber wohin? Ich hab keinen Plan.
Mein Magen knurrt.
5 So ein richtiges Frühstück!
Das wär's jetzt!
Zum Glück hat es aufgehört zu regnen.
Noch eine Runde abhängen.
Auf der nächsten Parkbank.
10 Überlegen, wie es weitergeht!
Mit zwanzig Euro komm ich nicht weit.
Aber wo will ich jetzt hin?
Am besten nach Australien.
Als blinder Passagier.
15 Aber solche Geschichten gibt's nur in
Büchern.
Die gibt's nicht in echt.
Deshalb finde ich solche Bücher auch
total doof.

20 Ich schließe die Augen.
Wenn ich Geld hätte!
Dann könnte ich mir einfach ein Ticket
kaufen. Und nach Australien fliegen.
Ein Schatz!
25 Das wär die Rettung!

Aber wo krieg ich eine Schaufel her?
Um den Schatz auszubuddeln?

Dann hör ich Stimmen.
Und Hundegebell.
5 Und Schritte, die sich nähern!
Mir wird heiß.
Angst sitzt mir im Nacken.
Die Polizei? Mit Spürhunden?
Sofort ist mein Magen zu.
10 Obwohl ich gerade noch von einem
Riesenfrühstück geträumt habe!
Vorsichtig öffne ich die Augen.
Sie kommen direkt auf mich zu.
Noch drei Meter.
15 Dann sind sie da!
Sie reden miteinander. Ziemlich leise.
Ich habe Mühe, sie zu verstehen.
Die Sprache ist mir fremd.
Aber Französisch ist das nicht.
20 Ein deutscher Dialekt?
Jetzt hör ich einen Satz, der könnte heißen:
„Er hat sich bewegt! Tot ist er wohl nicht!"
Er? Die halten mich echt für einen Kerl?
Wär ja 'ne super Tarnung!
25 Der Hund bellt.
Ich setz an zum Sprung!

Bloß weg!

Aber sie haben mich bereits umzingelt.

Sie stehen direkt vor mir. Starren mich an.

Drei Jungen. Ein Mädchen.

5 Etwas älter als ich.

Der blonde Junge schiebt einen Kinderwagen.

Diese Sportkarre mit den drei Rädern.

Ich schaue hinein.

Sehe ein Mädchen mit langen Haaren.

10 Vielleicht acht Jahre alt?

Kann sie nicht laufen?

Sie lacht. Strahlt mich an.

Sieht total glücklich aus. Da atme ich auf!

Und die Angst schleicht davon.

Erst hat das Mädchen große Angst. Aber jetzt atmet
es auf. Meinst *du* auch, dass sich nun alles zum Guten
wendet? Und was könnte passieren?

_____

_____

_____

_____

Zum Nachdenken

Eine Viererbande mit Hund und Kinderwagen.
Nett sehen sie aus.
Keine Gefahr für mich? Eher das Gegenteil?
Meine Rettung vielleicht?

5 „Hallo!", sage ich. „Ich bin Maria! Und wer seid
ihr? Müsst ihr nicht in der Schule sein?"
Falls meine Erinnerung stimmt,
haben wir heute Montag.
Ein ganz normaler Montag!

10 „Ich bin Rowena!", sagt das Mädchen.
Sie ist ziemlich groß.
Viel größer als die Jungen.
Sie reicht mir ihre Hand. Die packt zu.
So ist sie wohl. Diese Rowena. Zupackend.
15 Sie schickt mir ein Lächeln.
Und das tut gut.
„Die Schule fängt erst um acht an. In einer
halben Stunde also. Ich dreh jeden Morgen
meine Runden durch den Park!"
20 Sie zeigt auf ihre Joggingschuhe!
„Bin hyperaktiv. Halte einen Schultag nicht
durch. Nerve alle mit meiner Hampelei. Kann
einfach nicht still sitzen. Deshalb schickt mich
meine Ärztin jeden Morgen in den Park!"
25 „Hermann!", sagt der Junge mit dem Hund.

Er ist klein und etwas rundlich.

Freundliches Lächeln.

Hermann sieht so aus, als könnte er nicht mal
einer Fliege was antun.

5 „Ich muss vor der Schule mit dem Hund
raus!", sagt er. „Das ist Anton, mein
Labrador!"

„Und ich muss Brötchen holen!"

Dunkle Haare. Brille. Er reicht mir die Tüte.

10 „Willst du?"

Mir läuft das Wasser im Mund zusammen.

Wann hab ich zuletzt so große Lust auf
Brötchen gehabt?

„Ich bin Pierre!", sagt er. „Bedien dich!"

15 Sympathisch, dieser Pierre.

Jetzt nähert sich der Blonde mit dem
Kinderwagen.

„Joe, der Drummer!", sagt er.

Und grinst. Etwas verschwörerisch.

20 „Heute Abend hab ich mein erstes Konzert.
In der Musikschule. Wenn du Zeit hast,
komm vorbei! Eintritt frei!"

Er schaut auf die Uhr.

„Ich muss jetzt los!"

25 Er packt den Kinderwagen. Sprintet los.

Dann stoppt er plötzlich ab.

„Die Wichtigste!"

Er dreht den Wagen um.

Sodass ich hineinschauen kann.

5 „Das ist Ann! Meine Schwester. Die muss
jetzt in den Kindergarten! Bist du heute
Mittag noch hier?"

Ich zucke mit den Schultern.

„Vielleicht!", sage ich. „Wenn es nicht

10 regnet!"

„Und nicht vergessen! Heute Abend.
18.00 Uhr!"

Joe, der Drummer, grinst.

Und Ann, seine Schwester, lacht mich an.

15 Mitten ins Gesicht.

Mir wird ganz warm.

So schön ist das. Dieses Lachen!

„Wo bin ich überhaupt?"

Pierre hält mir immer noch die Brötchentüte

20 vor die Nase.

Verführerisch, der Duft. Ich greife zu.

Beiße in die knusprige Kruste.

Und weiß, von diesen Brötchen könnte ich ein
Dutzend verschlingen.

25 Auf der Stelle.

Bin wohl komplett ausgehungert.

„Du bist in Echternach!", sagt Rowena.
„Wieso? Weißt du das nicht?"

Was erzähl ich ihnen jetzt?
Die Wahrheit?
5 Werden sie schweigen?
Mich nicht verraten?
Oder gleich die Polizei rufen?
Ich muss vorsichtig sein.
Da, wo ich herkomme, will ich
10 nie wieder hin.
Nie wieder!
Also erst mal Vorsicht.
Ich muss sie ablenken.
Erst mal so tun, als hätte ich ihre Frage
15 überhört.

„Und wo liegt das, Echternach?", frage ich.

Informiere dich, bevor du weiterliest, anhand der
Karte im Anhang auf Seite 134:
In welchem europäischen Land liegt die Stadt Echter-
nach und wie heißt die Hauptstadt dieses Landes?

Zum Nachdenken

„Ihr sprecht etwas seltsam. Klingt so, als
würde ein Ausländer Deutsch sprechen.
Ziemlich perfektes Deutsch. Aber mit einer
lustigen Betonung."

5 „Echternach liegt in Luxemburg!", sagt Pierre
und zeigt auf die Brötchentüte.
„Bedien dich!"
Ich greife zu. Total lecker!
Unbeschreiblich! So gut!
10 „Unsere Muttersprache ist Luxemburgisch.
Aber wir lernen auch Französisch und Deutsch!
Hörst du ja!"

Luxemburg! Ich bin echt im Ausland gelandet.
Das ist erst mal gut.
15 Und wie praktisch, dass die hier auch Deutsch
sprechen.

„Und wo kommst du her?"
Rowena lässt nicht locker.
Das hab ich mir gleich gedacht.
20 Ihr Kopf ist voller Vermutungen.
Das ist nicht zu übersehen.
Ihre Augen gucken wach.
Und sehr neugierig.
Also?

Sie sind nett. Mehr als das.
Aber was passiert, wenn ich ihnen die
Wahrheit sage?
„Ich bin abgehauen!"
5 Dieser Satz rutscht mir jetzt einfach so raus.

„Abgehauen?", sagt Rowena. „Das ist ja
spannend!"
„Einfach weggelaufen?"
Hermanns Lächeln schrumpft zusammen.
10 „Aber warum denn?"
„Dann hast du bestimmt großen Hunger!", sagt
Pierre.
Er reicht mir die Tüte: „Iss sie auf! Alle!"

„Und was sagst du deinen Eltern? Wenn du
15 ohne Brötchen kommst?"
Ich kann nicht anders. Ich muss zubeißen.
In Brötchen Nummer drei.
Und Nummer vier und fünf warten auf mich.
Ich bin im Paradies gelandet. Echt!
20 „Kein Problem!", sagt Pierre. „Ich sag einfach,
der Hunger hätte mich überfallen.
Das kennen sie. Ich bin dafür bekannt. In der
ganzen Stadt. Ich esse immer. Den ganzen Tag.
Und werde davon noch nicht mal dick!"
25 Jetzt schaut er Hermann an.

Hermann, der eher ein paar Gramm zu viel auf
den Rippen hat. Der nickt.
„Ungerecht ist das! Wenn ich so viel essen
würde ... Dann wär ich bald rund wie eine
5 Kugel ... Und würde platzen."

Ich beiße in Brötchen Nummer vier!
Viel zu schnell ist es verputzt.
Jetzt Nummer fünf.
Und dann? Was ess ich dann?
10 „Nun erzähl schon!", sagt Rowena.
„Warum bist du abgehauen?"
„Geheimnis!", sage ich. „Könnt ihr
schweigen?"
Sie schauen mich an.
15 Neugierig. Aber auch sehr ernst.
„Später", sage ich. „Ich verrat es euch später.
Okay?"
Sie nicken.

„Und jetzt?", sagt Rowena. „Was machst du
20 jetzt?" Sie schaut auf die Uhr.
„Wir müssen nämlich langsam los!"
„Es fängt gleich an, zu regnen!", sagt
Hermann.
Regen! Auf den bin ich nicht vorbereitet.
25 Was mach ich bei Regen?

Erkennst du die fünf Mädchen und Jungen aus Echternach? Schreibe die Namen auf und verbinde jede Person mit dem zugehörigen Symbol.

Zum Nachdenken

„Hat die Kirche schon geöffnet?"

„Was willst du in der Kirche?", fragt Rowena.

„Ich will nicht nass werden!", sage ich. „Oder wisst ihr einen besseren Platz?"

5 Sie schauen sich an.

Hermann zuckt mit den Schultern.

„Wir hätten Platz genug! Aber meine Eltern! Die kriegen alles mit. Vor allem meine Mutter. Die hört alles. Die sieht alles.

10 Ich weiß nicht! Die würden vielleicht die Polizei holen!"

„Ich könnte dich im Zimmer der Leguane verstecken!", sagt Rowena. „Ich bin die Einzige, die den Raum betritt. Zum Füttern!"

15 Mich gruselt's. Leguane?

„Die sind ganz harmlos. Echt!"

„Komm mit zu mir!", sagt Pierre. „Ich wohne im Kloster!"

„Gute Idee! Das Kloster!", sagt Hermann.

20 „Und riesig!", sagt Rowena.

„Und völlig ungefährlich!", sagt Pierre.

Er schaut auf die Uhr.

„Wir müssen uns beeilen. Ich darf nicht zu spät kommen. Meine Mutter ist Lehrerin.

25 Also los!"

„Bis später!", sagt Rowena.

„Bis später!", sagt Hermann.

„Nichts verraten!", sage ich.

„Großes Ehrenwort!", sagt Rowena.

5 „Allergrößtes Ehrenwort!", sagt Hermann.

Rowena sprintet davon.

Hermann zerrt an der Hundeleine.

„Mein Magen knurrt!", sagt Pierre. „Ich zeig
dir am besten erst mal den Kühlschrank!"

10 Gute Idee! Ein gefüllter Kühlschrank!

Und ein Dach über dem Kopf.

Mehr brauch ich vorläufig nicht.

Wir verlassen den Park.

Jetzt seh ich die Kirche.

15 Den großen gepflasterten Platz.

Den Marktplatz.

Wir gehen durch eine enge Gasse.

Sieht wirklich alles nach Mittelalter aus.

Ziemlich schön! Diese kleine Stadt!

20 „Und wo geht's jetzt hin?"

„Ins Kloster!", sagt Pierre.

„Aha!", sage ich.

Hört sich irgendwie unwirklich an.

Pierre holt einen Schlüssel aus der

25 Hosentasche.

Wir biegen von der Straße ab.
Gehen durch ein großes Tor.
Stehen vor einer Tür.
„Wir sind da!"
5 Pierre schließt auf.
Wir stehen im Hausflur.
In einem ziemlich normalen Hausflur.
Keine Nonne, kein Weihrauch, keine Kerzen.
Nichts Heiliges. Kein Kreuz! Alles normal.
10 Wohnzimmer. Esszimmer. Küche!
Ein riesiger Kühlschrank! Ziemlich voll.
„Bedien dich!"
„Und das Kloster?"
„Wir sind mittendrin! War mal eins! Ist aber
15 lange her! Ein gutes Versteck, oder?"

Pierre schneidet sich ein Stück Käse ab.
Stopft es in den Mund.
„Ich muss jetzt los! Am besten, du gehst auf
den Dachboden. Der ist riesig. Meine Mutter
20 hängt dort nur ihre Wäsche auf. Meistens
am Freitag. Aber nur bei Regen. Also hast du
deine Ruhe dort. Mittagspause ist zwischen
12.00 und 14.00 Uhr. Dann sind wir zu Hause.
Meine Mutter und ich. Da bleibst du am besten
25 oben. Ich besuch dich dann. Und bring dir
was vom Mittagessen. Mein Vater kommt erst

gegen 18.00 Uhr nach Hause. Also! Mach's
dir gemütlich! Schau dich um. Wenn du es
unheimlich haben möchtest, dann geh
in den Keller!"

5 Pierre verdreht seine Augen.
„Dort findest du die Gebeine der alten Nonnen.
Und ... vielleicht eine Schatztruhe!"
Pierre packt seine Schultasche.
Ein letztes Lächeln. Dann bin ich allein.

10 Mach's dir gemütlich!
Der hat Nerven, der Junge!
Bin ziemlich erledigt. Das merk ich erst jetzt.
Brauch dringend ein Bett.
Ein warmes. Ein weiches. Kuscheliges.

15 Bevor ich auf die Suche gehe, öffne ich den
Kühlschrank.
Bin total ausgehungert. Immer noch.
Drei Joghurt. Vier Scheiben Braten.
Ein großes Stück Käse. Drei kalte Kartoffeln.

20 Jetzt was Süßes?
In einer Schublade finde ich eine Tafel
Schokolade. Vollmilch mit Haselnüssen.
Total lecker!
Dann endlich ... bin ich satt.

25 Richtig schön satt.
Ein ziemlich gutes Gefühl.

Obwohl ...

Angst schleicht sich an ...

Was ich so alles verputzt habe!

Wird das auffallen?

5 Ich nehme eine Flasche Apfelsaft aus dem
Kühlschrank. Es ist die einzige.

Soll ich es wagen? Ich kann nicht anders.

Keine Ahnung, warum ich plötzlich diese Lust
auf Apfelsaft habe!

10 Dann untersuch ich das Haus.

Zimmer für Zimmer.

Ein Stockwerk nach dem anderen.

In den Keller geh ich nicht.

Das Haus ist groß.

15 Drei Etagen! Viele Zimmer.

Viel zu viele für drei Personen.

Moderne Möbel. Alte Möbel.

Sehr gemütlich.

Dann der Dachboden. Der ist riesig.

20 Und so wunderbar vollgestopft.

Ein echter Dachboden!

Wie aus dem Bilderbuch!

Was hier für Schätze lagern!

In Kisten und Schränken! Der Wahnsinn!

25 Aber das Wichtigste ist das Bett!

Und das seh ich sofort.
Ein uraltes großes Bett mit einem
Messinggestell.
Sehnsucht nach Schlaf fällt mich an.
5 Eine Sehnsucht nach endlosem Schlaf.
Aber zur Vorsicht noch schnell zurück
ins Bad.
Eine Etage tiefer. Aufs WC.
Dann Hände waschen. Und die Zähne?
10 Ich brauch dringend eine Zahnbürste ...
Ich öffne die Schränke. Pech!
Keine Reservebürste!
Also nehm ich die kleine blaue.
Könnte die von Pierre sein.
15 Sieht ziemlich unbenutzt aus.

Dann lass ich mich fallen.
In die weichen Kissen.
Zieh die Decke über den Kopf.
Und jetzt schlafen. Nichts als schlafen.
20 Und dann? Wach geküsst werden.
Von wem?
Von Mama. Von Papa. Von Tristan.

Das wird nie wieder passieren.
Und das tut weh.
25 So weh, dass ich jetzt ins Kissen beiße.

Trotzdem muss ich weinen.
Tränen runterschlucken. Das geht jetzt nicht.
Aber ich merke:
Die Trauer verschluckt mich nicht.
5 Ich ertrinke nicht in meinen Tränen.
Ich versinke bloß in tiefer Müdigkeit.
Und schlafe ein.
Träume vom Dornröschenschloss.
In dem ich versunken bin.
10 Und von jemandem, der mich wach küsst.

Ich öffne die Augen. Und er steht vor mir.
Mit einer Schüssel in der Hand.
Die dampft. Und riecht gut.
Er reicht mir einen Löffel. Dann die Schüssel.
15 „Nudeln mit Käsesoße! Ich hoffe, du magst
das! Guten Appetit!"

Wenn das so weitergeht!
Dann brauch ich bald neue Klamotten!
Ach ja – Klamotten!
20 Ich denke an den Fahndungsbrief.
Bloß nicht vergessen!
Weg mit den Haaren.
Ab mit den Nägeln.
Und neue Klamotten.
25 Möglichst unauffällige. Ganz normale.

Pierre packt einen Leinenbeutel aus.
Kekse und Schokoriegel.
Äpfel und Birnen.
Mineralwasser und Orangensaft.
5 Knäckebrot und Salami.
Eine Packung Küchenpapier!
„Das ist nur die Notverpflegung! Falls
ich krank werde. Falls man hinter mir
herspioniert. Falls ich mal nicht kommen kann!
10 Nur für den Notfall!"
Pierre packt die Sachen in einen Schrank.
Zeigt auf einen Keramiktopf. Mit Henkel.
„Für den Fall, dass du mal aufs WC musst. Und
es besetzt ist!"

15 Woran dieser Junge denkt!
Echt hinreißend, der Typ.
Den würde ich glatt adoptieren.
„Hier! Meine Uhr! Hab ich mal zur
Kommunion bekommen. Ich brauch
20 sie nicht!"
Er reicht mir eine nagelneue Swatch.
„Und hier! Das Wichtigste! Der Plan! Damit
du weißt, wann du das Haus verlassen kannst.
Wichtig ist auch die WC-Benutzung. Die
25 Spülung ist ziemlich laut!"
Er kramt in seiner Hosentasche.

„Und der Hausschlüssel! Verlier ihn nicht!
Sonst landest du wieder auf der Parkbank!"
Er schaut mich an.
Fragend.
5 „Alles so weit klar?"
Ich nicke.
„Danke, Pierre!"

Am liebsten würd ich ihn jetzt in den Arm
nehmen.
10 Und ihn an mich drücken ...
So wie ...
Ja, so wie meinen kleinen Bruder ...
Aufpassen jetzt!
Bloß nicht losheulen.
15 Bloß nicht zu viel verraten!
„Was ist los? Bist du traurig?"
Dem Jungen hier entgeht nichts.
Wirklich nichts.
Ich versuche ein Lächeln.
20 Dann rutscht mir ein Satz raus.
Den ich lieber verschluckt hätte. Zu spät!
„Ich würde dich gerne adoptieren! So ein
Bruder! Wär echt toll!"
Er schaut mich an. Ziemlich überrascht.
25 Dann lächelt er.
Dieses hinreißende verschmitzte Lächeln.

Lies auf den vorherigen Seiten noch einmal nach, was Pierre alles mitgebracht hat, und zeichne die Dinge dann auf dem Tisch ein.

Zum Nachdenken

Und sagt: „Umgekehrt wär irgendwie besser.
Wo soll ich denn mit dir hin? Wo du doch
abgehauen bist?"
Ja! Völlig klar!
5 Wo soll ich mit ihm hin? Nach Australien?
Sieht nicht so aus, als wollte er hier weg!
Scheint ihm gut zu gehen.
Hier. In diesem Kloster.
In dieser kleinen Stadt.
10 Mit seinen Eltern!
„Würdest du bleiben? Hier bei uns?"
Pierres Augen sprühen.
„Ich fänd's toll! So eine Schwester!
So eine große!"

15 Solche Geschichten gibt's nur in Büchern.
Die gibt's nicht in echt.
Ach Pierre!
So einfach ist das wirkliche Leben nicht!

„Und deine Eltern? Die haben wahrscheinlich
20 mit dir mehr als genug."

„Eben nicht! Die wollen unbedingt noch ein
Kind! Die reden von nichts anderem mehr.
Das würde echt passen!
Und ein großes Kind! Das würde ihnen eine

Menge ersparen. Die Windeln. Das Geschrei.
Und die schlaflosen Nächte! Total praktisch
wär das!"
Pierres Augen leuchten.

5 „Ich muss denen das nur irgendwie
verklickern! Einen guten Moment abwarten.
Da wird mir schon was einfallen!

Aber jetzt iss erst mal. Die Nudeln werden kalt!
Und kalte Nudeln! Igitt!"
10 Pierre verzieht das Gesicht.
„Oh!", sagt er. „Fast vergessen! Die
Alarmglocke!"
Er zieht was aus der Hosentasche.
Sieht nach Kuhglocke aus. Im XS-Format.
15 Hört sich auch so an.
„Wenn du die hörst, dann versteck dich!
Ich warne dich rechtzeitig. Wenn jemand
kommt. Meine Mutter vielleicht. Um Wäsche
aufzuhängen. Oder abzunehmen. Oder mein
20 Vater. Der in seinen alten Büchern kramt.
Ist aber eher unwahrscheinlich. Nur für den
Notfall. Versteck dich dann in dem Schrank
dahinten an der Wand. Der ist groß.
Und leer. Lass am besten nichts herumliegen.
25 Alles ab in den Schrank damit! Aber ...
normalerweise lässt sich hier keiner blicken!"

Na ja! Sehr beruhigend ist das nicht!
Aber besser als auf der Parkbank.
Im Regen.

Es schüttet nämlich schon wieder.
5 Ziemlich heftig.
So heftig ist dieser Regen.
Sieht nach Weltuntergang aus.
Da ist es hier sehr gemütlich.

Maria und Pierre freunden sich an. Schreibe einen
Text über Freundschaft. Du kannst auch aufschreiben, was die beiden sich wohl wünschen, was sie

W _____

I _____

R _____

S _____

I _____

N _____

D _____

Zum Nachdenken

Und warm.

Und die Nudeln sind lecker.

„Psst!"

Pierre legt den Finger auf den Mund.

5 Vorsichtig steht er auf.

Geht zur Tür. Und lauscht.

Ich höre eine Stimme.

Ich höre Tritte auf den Stufen.

denken und fühlen oder was sie gemeinsam erleben könnten. Beginne jeden Satz bzw. jede Wortgruppe mit einem der Buchstaben.

F _____

R _____

E _____

U _____

N _____

D _____

E _____

Ich springe auf.
Und verschwinde im Schrank.
Ich zieh die Tür hinter mir zu. Die knarrt.
Dann ist es dunkel.
5 Ich sehe nichts. Ich höre nichts.
Nur mein Herz. Das klopft wie wild.
Ich habe Angst.
Angst, dass jetzt alles vorbei ist.
Dass sie mich entdecken.
10 Zur Polizei bringen.
Und dann ... ja, dann lande ich wieder da ...,
wo ich nicht hin will.

Der Schutzengel!
Mehr fällt mir momentan nicht ein.
15 Wer sonst könnte mich retten?
Der Schutzengel ist es nicht,
der mich irgendwann rettet.
Jemand öffnet die Tür. Mit breitem Grinsen.
„Meine Mutter!", sagt Pierre. „Hat gefragt, ob
20 ich die Schokolade gegessen habe! Die mit den
Haselnüssen. Ist nämlich streng verboten! Hab
eine Haselnussallergie!"
„Und?"
„Hab zugegeben, dass ich sie genommen hab.
25 Als Geschenk für Hermann! Zum Geburtstag!
Ich hoffe, sie hat geschmeckt!", lacht Pierre.

„Und das hat sie dir geglaubt?"

Mir wird ungemütlich.

Ich muss aufpassen.

Wenn ich den Kühlschrank plündere.

5 Mich im Vorratsschrank bediene.

„Meine Mutter?"

Pierre kräuselt seine Stirn.

Er schüttelt den Kopf.

„Die kann man nicht anlügen! Sie vermutet,

10 dass ich sie selbst gegessen habe. Und jetzt hat

sie Angst! Dass die Allergie ausbricht!"

„Wie hast du überhaupt die Nudeln

entführen können?"

Ich bewundere diesen Pierre.

15 Was der für mich riskiert!

„Sie musste telefonieren. Ich hab Glück gehabt!

Und heute hat sie extra viel gekocht.

Ich hatte eigentlich einen Freund zum Essen

eingeladen. Den hab ich einfach wieder

20 ausgeladen!"

„Und jetzt?"

Mir ist fast schwindelig.

Wie mag das weitergehen?

„Zurück in die Schule! Spätestens um vier

25 bin ich wieder da. Soll ich die anderen

mitbringen?"

Ich nicke.
„Und Kuchen vom Bäcker?"
Kuchen!
Wann hab ich zuletzt Kuchen gegessen?
5   „Besondere Wünsche? Ich kann dir den
Käsekuchen empfehlen!"

Dann ist er weg! Und ich bin allein.
Was mach ich jetzt?
Rausgehen besser nicht. Viel zu gefährlich.
10 Solange ich so aussehe wie jetzt.
Und sowieso: viel zu nass.
Ich krame in Schränken und Regalen.
Finde alte Fotoalben.
Uralte Schallplatten, Zeitschriften und Bücher.
15 Lesen war ja nie so mein Ding.
Hatte immer Besseres zu tun.

Am liebsten war ich bei Papa im Atelier.
Habe gemalt. Seit ich denken kann.
Das ist vorbei. Kann ich je wieder malen?
20 Vielleicht ist Lesen gar nicht so schlecht.
Ob ich hier was Brauchbares finde?
Wenn ich Oldtimer-Fan wäre! Dann ja.
In den Regalen gibt es unzählige Bände mit
alten Autos.
25 Dazu stapelweise Zeitschriften.

Der Fan scheint eine Lieblingsmarke
zu haben.
Den alten Porsche.
Ich blättere lieber in den Kochbüchern.
5 In Frauenzeitschriften …
Fahnde nach dem passenden Haarschnitt
für mich.
Superkurz und fransig würde passen.
Damit würde mich kein Mensch
10 mehr erkennen.

Dann hör ich Stimmen im Flur.
Getrampel auf der Treppe.
Keine Warnglocke.
Trotzdem.
15 Ich verschwinde im Schrank!
Halte die Luft an.
Aber ich hör es ziemlich schnell.
Keine Gefahr.

Sie reißen die Tür auf.
20 „Frischer Käsekuchen!", sagt Pierre.
„Und Apfelsaft!", sagt Rowena.
„Und Kekse!", sagt Hermann.
„Und Erdnüsse!", sagt Joe.
Sie haben wohl ihre Vorratsschränke
25 geplündert.

Hoffentlich bekommen sie keinen Ärger!
Wir mampfen gemütlich alles auf. Alles.
„Ich muss jetzt los!", sagt Joe, der Drummer.
„Nicht vergessen! Um 18.00 Uhr das Konzert!
5 Lasst mich bitte nicht allein!"
Er packt seinen Rucksack.
„Du kommst doch auch, Maria, oder?"

Maria!
Soll ich ihn behalten, diesen Namen?
10 Sicher ist sicher!
„Ich muss mir erst ein neues Outfit zulegen!
Haare ab. Nägel ab. Und andere Klamotten!
Wenn die nach mir fahnden? Wäre wichtig!
Darf mich schließlich nicht erwischen lassen!"
15 „Gute Idee!", sagt Pierre.
„Ich hol mal 'ne Schere! Und da hinten im
Schrank ... da hängen total schräge Klamotten.
Schau mal nach, ob du die gebrauchen kannst!
Die sind von meiner Tante. Die hat ein
20 Modegeschäft in Mailand!"

Joe wühlt in seinem Rucksack.
Zieht ein schwarzes Etwas heraus.
Wirft es mir zu.
„Wenn du dich mal alleine fühlst. Vielleicht
25 kannst du das gebrauchen. Ann hat viel zu

viel von dem Zeug! Ist noch ganz neu!"
Ein weiches Plüschtier landet in meinen
Armen.
Schaut mich an mit grünen Augen.
5 Ein Panther! Den lass ich nie wieder los!

Rowena untersucht den Kleiderschrank.
„Super!", sagt sie. „Das gibt die perfekte
Verkleidung!"

Pierre kommt zurück.
10 Mit Kamm, Bürste, Nagelschere, Haarschere.
„Soll ich das machen?"
Rowena steht vor mir.
„Ich geb mir auch Mühe! Echt!"
Ich überlass mich meinem Schicksal.
15 Erst die Fingernägel. Die waren der Hammer.
Zwei Zentimeter zu lang. Etwas unpraktisch.
Aber ich hab das so gewollt.
Kommt mir bloß nicht zu nahe!
Sonst kratz ich euch die Augen aus.
20 Na ja! Ziemlich blöd eigentlich.
Ratzfatz! Jetzt sie sind ab.
Dann kommen die Haare dran.
Ich schließe die Augen.
Mich von denen zu trennen!
25 Das fällt mir nicht leicht!

Aber das muss jetzt wohl sein!
Schnippschnapp! Schnippschnapp!
Es dauert eine Ewigkeit.
Ich werde unruhig.

5 „Gleich fertig!", sagt Rowena.
„Sieht irre aus. Irre gut!
Hast du Gel im Haus, Pierre?"
Dann irgendwann kommt der erlösende
Befehl: „Augen auf!"
10 Was hab ich zu verlieren? Überhaupt nichts!
Also reiß ich die Augen auf.
Ich schau in den Spiegel.
Und erkenn mich nicht wieder.
Viktualia – das war einmal.
15 Werde mich an meinen neuen Namen
gewöhnen.
Und an diesen neuen Kopf.
Kurz, fransig, frech.
Sieht gut aus.
20 Und dass ich ein Mädchen bin …
Das wird mir so schnell keiner glauben.
Ich bin zufrieden. Mehr als das.
„Jetzt brauchst du noch eine neue Identität!",
sagt Rowena. „Ich könnte sagen, dass du meine
25 Cousine bist. Meine Cousine aus Deutschland.
Da hab ich ja echt welche.

Und das weiß jeder. Mein Stiefvater ist ja
Deutscher!"
„Und wenn jemand fragt, warum du jetzt hier
bist?"
5 Hermann guckt skeptisch.
„In Deutschland haben die jetzt Ferien! Kann
doch sein, oder?"

„Und jetzt die neuen Klamotten! Hoffentlich
gibt's was in deiner Größe!"
10 Rowena wühlt bereits im Schrank.
„Ich glaub, wir haben Glück! Italienische
Models sind ja klapperdünn und riesig groß.
So wie du! Du könntest Model werden!
Wär das was?"
15 Model? Ich glaub nicht.
Früher wollte ich Malerin werden!
Was anderes konnte ich mir gar nicht
vorstellen.
Und jetzt?
20 Ach! Wer weiß!
Brauch erst mal ein neues Zuhause!
Ja! Sonst nichts!
„Probier mal! Das könnte passen!"
Rowena hält mir zwei dunkelbraune Teile hin.
25 Weicher Stoff. Fühlt sich gut an.
Hose und Jacke. Viele Taschen.

Viele Reißverschlüsse.
Passt perfekt! Und sieht gut aus.
Eine Mischung zwischen edlem Hosenanzug
und Trainingsanzug.
5 Abgefahren. Echt abgefahren.

Ich steh vor dem großen Spiegel
mit goldenem Rand.
Ja. Das passt.
Alles! Auch der Name.
10 Maria!

Bloß – wieso gerade dieser Name?
Ich kenne niemanden, der Maria heißt.
Na ja, bis auf diese eine.
Die Frau von Josef. Die Mutter von Jesus.

15 „Von dieser Firma gibt's noch mehr.
Wie für dich gemacht!"

„Aber jetzt müssen wir los!"
Hermann schaut auf die Uhr.
„Das Konzert!"

20 „Traust du dich jetzt raus?"
Rowena schaut mich an.

„Die werden dich nicht ausfragen!
Keine Angst! Das machen die Luxemburger
nicht. Da sind sie anders als die Deutschen!"
„Also komm!", sagt Pierre.

5 „Und wenn wir jetzt deiner Mutter begegnen?
Und sie die Klamotten sieht?", sage ich.
So ganz behaglich ist mir nicht.
„Meine Mutter! Die kennt das Zeug überhaupt
nicht. Meine Tante hat in Mailand nicht so viel

10 Platz. Die lagert ihre alten Sachen hier ein.
Auf unserem Dachboden! Meiner Mutter

Viktualia verändert ihr Aussehen und will jetzt
endgültig „Maria" werden. Schreibe auf, was sich
bei „Maria" verändert hat und wie es früher bei
„Viktualia" war. Lass die einzelnen Sätze oder
Wortgruppen jeweils mit einem Buchstaben der
beiden Namen beginnen.

M *aria ist mein neuer Name.*

A _____

R _____

I _____

A _____

Zum Nachdenken

würden die Teile sowieso nicht passen.
Die ist eher klein. Und nicht so klapperdünn
wie du. Du wirst sehen!"

Wir marschieren los.
5 Und ich fühl mich sicherer, als ich dachte.
Pierre an meiner rechten Seite.
Rowena an der linken.
Und Hermann direkt hinter uns.
Als würde er uns bewachen.
10 Ich hör keine Sirene. Seh kein Blaulicht.

V *orgestern noch im Heim.*

I _____

K _____

T _____

U _____

A _____

L _____

I _____

A _____

Aber dann kommt ein Zeitungskiosk.
Angst kriecht an.
Ich entdecke die Bild-Zeitung.
Auch hier in Echternach.
5 Kein Bild von mir auf der Titelseite.
Ich bin doch nicht interessant genug.
Hätte ich mir eigentlich denken können.
Ich atme auf.

Dann sind wir da.
10 Im großen Saal der Musikschule.
Joe, der Drummer, sitzt schon hinter seinem
Schlagzeug. Er starrt mich an.
Es dauert lange, bis er kapiert, dass ich es bin.
Er schickt mir ein breites Grinsen.
15 Und nickt.
Und dieses Nicken sagt mir: Perfekt!
Ich bin ein neuer Mensch!
Und werde unerkannt bleiben!
Ein ziemlich gutes Gefühl!
20 Ich lehne mich zurück. Richtig entspannt!

Dann geht's los. Joe schlägt zu.
Der Raum vibriert. Er entlockt seinem
Schlagzeug hammerharte Rhythmen.
Ziemlich wahnsinnig, was er da mit den
25 Stöcken zaubert.

Wär das ein Instrument für mich?
Ich gerate in den Rausch der Musik.
Schlagzeug, das wär's!
Plötzlich spür ich ungeahnte Energien.
5 Wenn ich jetzt Stöcke in der Hand hätte!
Ich würde losschlagen ...
Bis ich vor Erschöpfung umkippen würde ...
Schlagzeug!
Damit würde ich sie vielleicht los.
10 Die ganze Wut. Die ganze Trauer.
Die ganze verdammte Verzweiflung.

Maria glaubt, mit einem Schlagzeug würde sie
vielleicht ihre Wut, Trauer und Verzweiflung los.
Aber was kann man tun, wenn kein Schlagzeug da
ist? Gib Maria Tipps, indem du von dir erzählst.

Wenn ich wütend bin, _____

_____

Wenn ich traurig bin, _____

_____

Wenn ich verzweifelt bin, _____

_____

Zum Nachdenken

Schlagzeug! Das würde mir helfen!

Bei den Psychologen hab ich dicht gemacht.

Bei denen sollte ich reden.

Immer wieder reden.

5 Aber ich wollte nicht reden!

Ich wollte verdammt noch mal nicht reden.

Ich konnte nicht reden!

Warum haben die das nicht kapiert?

Dann ist das Konzert zu Ende! Schade!

10 Ich hätte noch Stunden zuhören können.

„Das wär was für mich!", sage ich.

„Ich muss unbedingt Schlagzeug lernen, Joe!"

Wir stehen draußen.

„Besuch mich doch! Dann kannst du's

15 ausprobieren!"

Und dann müssen wir zurück.

Ins Kloster. In mein Versteck!

Sofort verschwindet mein gutes Gefühl!

Was passiert, wenn sie mich jetzt entdecken?

20 Pierres Eltern werden sicher die Polizei

anrufen. Oder das Heim!

Wir erreichen die Einfahrt.

Im Haus überall Licht.

Pierre schließt die Tür auf.

„Du gehst am besten sofort nach oben! Ich
bring nachher noch was zu essen! Sie sitzen
in der Küche. Da kannst du jetzt das WC
benutzen. In der Küche hören sie nichts!"

5 Pierres Flüstern klingt etwas unheimlich.
Ich schleiche nach oben!
Die Treppenstufen knarren.
Ich versuche zu schweben.
Aber das gelingt mir nicht wirklich.
10 Im WC trau ich mich fast nicht,
die Spülung zu bedienen.
Ich stelle meine Ohren auf Empfang.
Aber ich werde nicht verfolgt.

Dann bin ich oben.
15 In der Tür entdecke ich einen Schlüssel.
Der entspannt mich etwas.
Ich werde auf Pierre warten.
Und dann werde ich abschließen. Genau!

Ich warte lange.
20 Eine ganze Stunde.
Erst um 21.00 Uhr höre ich Schritte.
„Sie haben noch meine Hausaufgaben
kontrolliert! Jetzt sind sie weg!
Treffen noch Freunde! Gott sei Dank!

Ich hoffe, du bist nicht verhungert!"
Pierre balanciert ein Tablett.
„Heute gibt's eine echte Luxemburger
Spezialität! Paté Riesling! Ich hoffe, sie
5 schmeckt dir!"

Vor mir auf dem Teller eine Pastete.
In Scheiben geschnitten.
Fleischfüllung in Teig gerollt.
Ich beiße ins erste Stück.
10 „Und?"
Pierre wartet auf die Antwort.
„Könnte ich jeden Tag essen!"

„Ich muss jetzt ins Bett! Morgen gibt's 'ne
Mathearbeit! Na ja! Mathe ist nicht so mein
15 Ding! Da sollte ich ausgeschlafen sein!
Alles klar?" Ich nicke.

„Morgen früh bring ich das Frühstück.
Am Mittag gibt's irgendwelche Reste.
Meine Mutter bleibt in der Schule. Konferenz.
20 Also kannst du dich frei bewegen! Schlaf gut,
Maria!"
Er zwinkert mir zu. Dann bin ich allein.
Noch schnell Zähne putzen.
Dann schließe ich die Tür hinter mir ab.

Und nun in das wunderbar weiche Bett.
Ich vergrabe meinen Kopf in den Kissen.
Meine rechte Hand krallt sich in das
kuschelige Pantherfell.
5 Augen zu.
Und schlafen. Nur noch schlafen.

Aber so einfach geht das nicht.
In der Nacht kommen die Gespenster.
Immer. Immer wieder.
10 Deshalb fürchte ich sie. Die Nächte.
Jetzt schon seit einem halben Jahr.
Wann hört das endlich auf?
Hört das überhaupt jemals auf?

Es muss aufhören. Es muss ganz einfach.
15 Bloß wie?
Anfangs hab ich sie noch geschluckt.
Die Tabletten, die sie mir gegeben haben.
Aber dann wollte ich sie nicht mehr.
Weil sie mir nicht wirklich helfen konnten.
20 Ich muss es ohne sie schaffen.
Ohne Tabletten ...
Und es ist, wie es ist.
Ich bin allein. Verdammt allein.
Nicht schon wieder heulen.
25 Aber Heulen tut manchmal auch gut.

Heute tut es gut.
Und jetzt bin ich froh, hier zu sein.
Das ist erst mal gut.
Egal, wie es dann weitergeht!

5 Ja! Und dann bin ich wohl eingeschlafen.

Dienstag

Es klopft. Sofort bin ich wach.
Der Panther liegt auf dem Kopfkissen.
Langsam kapier ich, wo ich bin.

10 Ich schließe die Tür auf.
Pierre mit Tablett. Und Lachen im Gesicht.
„Sie sind schon weg! Ich muss jetzt auch los!
Die Mathearbeit! Bis heute Mittag!
Und – drück mir die Daumen!"
15 Dann bin ich allein. Mal wieder allein.
Aber es geht mir nicht schlecht damit!
Solange es so einen Pierre gibt!
Und die anderen!
So ganz allein bin ich ja nicht!
20 Tee in der Thermoskanne.
Zwei Brötchen. Zwei Joghurts.
Eine Banane. Eine Schale Erdbeeren.

Ich schlinge alles in mich rein.
Wunderbar dieses Frühstück!
Absoluter Luxus!

Und jetzt?
5 Der Himmel ist blau.
Die Sonne scheint.
Heute muss ich raus.
Am besten sofort.

Auf dem Tablett liegt ein Stadtführer.
10 Scheint ja voll zu sein.
Mit besonderen Sehenswürdigkeiten.
Dieses Echternach.
Ich entscheide mich für einen
Stadtspaziergang.
15 Beginne meinen Rundgang an der
Klosterkirche. Die hat geöffnet.
Ich investiere vier Euro. Kaufe vier Kerzen.
Eine für Mama. Eine für Papa. Eine für Tristan.
Und eine für mich.
20 Für mein neues Leben.
Das ja irgendwann und irgendwie anfangen
muss. Dafür bete ich.
Ich bummle über den Marktplatz.
Durch die Fußgängerzone.
25 Wandere durch schmale Gassen.

An der Stadtmauer vorbei.
Wandere raus aus der Stadt.
Lande irgendwann an einem See.
Setze mich ans Ufer.
5 Lass mir die Sonne ins Gesicht scheinen.
Lege mich ins Gras.
Schaue den Wolken zu.
Höre die Enten schnattern.
Hunde bellen. Kinder rufen.
10 Und bin sehr froh, hier zu sein.
Ja, hier bleiben. Das wäre gut.
Aber wie lange geht das noch?
Wann werden sie mich entdecken?
Auf dem Rückweg suche ich einen
15 Zeitungsladen.
Schiele nach der Bild-Zeitung.
Aber auch heute kein Bild von mir auf der
ersten Seite.
Für die Bild-Zeitung bin ich wirklich nicht
20 interessant genug.
Aber für wen eigentlich?
Werden sie mich überhaupt suchen?
Auch wenn das so ist –
finden werden sie mich hoffentlich nicht.
25 Niemand wird darauf kommen,
dass ich in Luxemburg bin.
Und niemand wird mich wiedererkennen!

Trotzdem muss ich unsichtbar bleiben.

Wenn ich im Kloster bin, zum Beispiel.

Aber wie lange kann das gut gehen?

Wie lange kann Pierre mich verstecken?

5 Mich unbemerkt mit Lebensmitteln versorgen?

Das kann ganz schnell vorbei sein!

Aber daran will ich nicht denken.

Ich will froh sein, dass ich hier sein kann.

Erst mal.

10 Und dass ich Freunde gefunden habe.

Und dass es mir gut geht.

Ja, so gut wie lange nicht.

Darüber will ich mich jetzt freuen.

Pierre ist schon zu Hause.

15 Er deckt gerade den Tisch. Für zwei.

„Heute gibt's die restlichen Nudeln! Selber was

kochen? Das hab ich noch nicht ausprobiert!

Sollte ich aber mal machen!"

Zum Nachtisch Erdbeeren!

20 Ich bin im Paradies gelandet! Echt!

„Du wirst mich nicht mehr los!", sage ich.

„Ich lass dich auch nicht mehr weg!"

Pierre grinst. Dieses schelmische Grinsen.

„Heute Abend werde ich mal mein Glück

25 versuchen. Thema Adoption! Mal sehen, wie

meine Eltern das finden! Die haben da sicher

noch nie drüber nachgedacht! Sind vielleicht
sogar froh, wenn ich ihnen jemanden anbiete!
So ein Superexemplar! Das hinzukriegen!
Ob die das selber schaffen würden?"

5 „Du kennst mich ja erst seit gestern! Vielleicht
bist du irgendwann enttäuscht!"
Pierre schüttelt den Kopf.
„Ich kenn mich aus. Mit Menschen kenn ich
mich einfach aus. Mit Mathe dafür nicht. Ich

10 sollte vielleicht Psychologe werden! Oder?"

Psychologe!
Mit Psychologen hab ich keine guten
Erfahrungen!
Ich weiß nicht ...

15 Pierre legt die Stirn in Falten.
„Aber deine Eltern!", sagt er. „Was sagen denn
deine Eltern dazu? Die werden dich doch nicht
einfach so hergeben!"
„Kein Problem!", sage ich.

20 Aufpassen jetzt!
Tränen runterschlucken!
Bloß nichts verraten!
„Echt kein Problem!"
Pierre guckt misstrauisch.

25 Aber er stellt keine Fragen.
Da glaube ich wirklich,

dass er einmal ein guter Psychologe
werden könnte.

„Ich muss los!", sagt er. „Bis später!
Bis um vier! Wir könnten dann zum See!
5 Schwimmen ist zwar verboten! Aber es gibt da
ein paar Stellen! Da kann uns keiner sehen!"
Und ich? Was mach ich bis um vier?
Schlafen! Ich bin auf einmal sehr müde.
Essen und Schlafen!
10 Das sind wohl meine Hauptbeschäftigungen.
Neuerdings. Egal.
Das wird sich hoffentlich wieder ändern!
Und dieses Bett wirkt wie eine Schlaftablette.
Ich sacke sofort weg.
15 Erst als jemand an meiner Schulter rüttelt,
werde ich wach.

„Wir müssen los!"
Pierre steht vor mir. Rucksack auf der Schulter.
Decke unterm Arm.
20 „Komm! Meine Mutter ist noch in der Schule.
Aber sie wird wohl bald hier sein!"
Er ist anders als sonst. Irgendwie ernster.
Was bedeutet das? Bedeutet es was?
Oder seh ich bloß Gespenster?
25 Wie schnell die Gemütlichkeit weg ist!

Schade!
Mich von diesem Bett zu trennen!
Fällt mir schwer!
Und diese ungewisse Stimmung auszuhalten!
5 Das ist richtig schlimm. Das zerrt an mir.

Aber irgendwann liegen wir dann auf der
Wiese.
Hermann mit Hund.
Joe mit Ann im Wagen.
10 Rowena mit Picknickkorb.
Pierre mit Fußball im Arm.
Der Hund schläft.
Ann lacht.
Rowena bindet sich die Schnürsenkel zu.
15 „Ich lauf mal 'ne Runde um den See!"
Hermann pflückt Blumen.
Ich zähle die Wolken. Genieße die Sonne.
Und die Welt scheint wieder in Ordnung!

Da sagt Pierre: „Es gibt ein Problem!"

Was für ein Problem könnte jetzt wohl auf das
Mädchen und die Freunde zukommen? Notiere deine
Idee – vielleicht mit Lösung – auf einem Zusatzblatt.

Zum Nachdenken

Mir wird sofort schlecht.
Jetzt schauen plötzlich alle ernst.
„Maria kann nur bis morgen Mittag bei uns
bleiben. Leider. Wir müssen ein anderes
5 Versteck suchen!"
Dieser Satz schlägt ein.
Ich weiß nicht, warum.
Aber ich heul sofort los.
Er tut so weh, dieser Satz.

10 Pierre legt den Arm um meine Schulter.
Joe holt ein Taschentuch aus seinem
Rucksack.
Hermann reicht mir den schönsten
Blumenstrauß der Welt.
15 Und Rowena sagt: „Uns fällt schon was ein!"
„Na klar fällt uns was ein!", sagt Joe.

Ich schau in Anns Gesicht.
Sehe ihr Lachen.
Ihr wunderschönes Lachen.
20 Das stoppt meine Tränen.
Aber das Problem ist noch da.
„Bei uns geht's leider nicht!", sagt Hermann.
„Tut mir echt leid!"
„Ich kann das Zimmer mit den Leguanen
25 anbieten. Mehr nicht. Leider!", sagt Rowena.

„Aber bei mir würde es gehen!", sagt Joe.

„Kein Problem! Wir haben ein großes
Einfamilienhaus. Und ich hab zwei Zimmer für
mich allein. Eins nur für das Schlagzeug und

5 den PC. Und in diesem Raum ist ein kleiner
Verschlag. Da passt sogar eine Matratze rein.
Ein absolutes Versteck!
Stimmt's, Ann?"

Joe ist total aufgekratzt.

10 Ann lacht. Zappelt mit den Händen.
Für sie scheint das auch kein Problem zu sein.
Für sie scheint es sowieso keine Probleme
zu geben.
Ann ist einfach nur glücklich.

15 Und das, obwohl sie nicht laufen kann.
Nicht sprechen kann.
Aber ihr Lachen! So ein Lachen!
Ich kenne niemanden, der so lachen kann.
„Und warum geht es bei euch nicht mehr?",

20 fragt Hermann.
„Morgen Mittag kommt ein Denkmalschützer
aus Deutschland. Der vermisst den
Dachboden. Untersucht Holzproben. Und so
weiter. Das kann Tage dauern. Natürlich kann

25 Maria dann wieder zurück zu uns! Wenn er
fertig ist! Und sowieso! Später! Für immer!

Wenn ich die Sache mit der Adoption geregelt
habe!"
„Adoption?" Hermann guckt etwas verwirrt.
„Ja, ich will sie adoptieren. Ganz einfach!"
5 „Aha!", sagt Hermann.
„Gute Idee!", sagt Rowena.
„Wenn's bei euch nicht geht …", sagt Joe,
„dann kann sie auch bei uns einziehen!"
„Und eure Eltern?", fragt Hermann.
10 „Die müssen wir noch überzeugen! Ganz
einfach!", sagt Pierre. Und grinst.

„Hat jemand Papier und Bleistift?"
Joe meint es wohl sehr ernst.
„Ich mach mal 'ne Zeichnung von dem Haus
15 und seinen Zimmern. Und schreib
die Zeiten auf, wenn niemand im Haus ist.
Das ist allerdings selten. Meine Mutter ist
nicht berufstätig. Die ist ziemlich oft zu Hause.
Aber meistens in der unteren Etage. Wenn sie
20 oben die Betten gemacht hat, ist sie unten.
Oben sind nur die Schlafzimmer.
Das ist doch praktisch! Also, Maria, kein
Problem!"
Und er schaut mich an, dieser Joe.
25 Ernst und entschlossen. Und sicher!
Kein Problem!

Das sehen meine Nerven etwas anders.
Aber wo soll ich sonst hin?
Bevor ich mein Ticket nach Australien habe,
bin ich über jedes Versteck froh.
5 Ja, über jedes!

Obwohl ...
Eigentlich wollte ich ja nie wieder weg!
Aus diesem Land nicht!
Aus dieser Stadt nicht!
10 Aus dem Kloster nicht!
Nicht weg von dieser Viererbande mit Kind
und Hund!
Traumtänzer!
Ja! Aber ich will hier nicht mehr weg!
15 Auch wenn ich mal wieder auf der Flucht bin!
Hier zu sein, ist trotzdem besser!
Viel, viel besser!

Joe erklärt mir alles. Ganz genau.
Jedes Zimmer. Jede Abstellkammer.
20 Jeden Kellerraum.
Joe will Architekt werden. Das passt.
Er beschreibt mir alle Angewohnheiten.
Von seinem Vater.
Von seiner Mutter.
25 Von seiner Schwester.

Er verspricht, ein Vorratslager anzulegen.
Eine Matratze in den Verschlag zu legen.
Und ich muss versprechen,
das Schlagzeug nur zu benutzen,
5 wenn niemand im Haus ist.
So könnte es gehen!
Meint er.
„Und wann kann sie umziehen?",
fragt Pierre.
10 „Ich besorg einen Schlüssel!", sagt Joe.
„Meine Mutter fährt morgen in die Hauptstadt.
Sie muss mit Ann zum Arzt. Das dauert.
Sie wird sicher erst am Nachmittag
zurückkommen. Also bleibt genug Zeit,
15 sich an das Haus zu gewöhnen!"
„Und wann bringst du den Schlüssel?"
Gibt's einen besseren Bruder als diesen Pierre?
Diese Fürsorge haut mich echt um.
Aber Joe ist nicht anders.
20 Müsste ich wählen ...
zwischen diesen beiden Brüdern ...,
hätte ich ein echtes Problem!
„Ich könnte ihn sofort holen. Ann
muss sowieso nach Hause. Sie muss zur
25 Krankengymnastin! Bleibt ihr noch hier?"
„Klar! Wir wollten ja noch schwimmen!",
sagt Pierre.

Er steigt bereits aus seiner Jeans.

„Das ist verboten!", sagt Hermann.

„Aber hier sieht uns niemand!", sagt Pierre.

Er zieht das T-Shirt über den Kopf.

5 Bereit zum Bad.

„Ich trau mich nicht!", sagt Hermann.

„Ich hab kein Badezeug mit!", sagt Rowena.

„Ich auch nicht!", sage ich. „Außerdem bleibe

ich lieber unauffällig. Und unsichtbar!"

10 Pierre ist schon im See.

Taucht unter. Taucht auf.

„Wenn jemand kommt, der Probleme machen

könnte, sagt Bescheid!"

Wir sitzen im Gras. Rowena erzählt.

15 Von ihrer Familie. Die ist groß.

Viele Geschwister.

Von unterschiedlichen Vätern.

Abenteuerliche Geschichten sind das.

Ich höre gerne zu.

20 Rowena stellt keine Frage.

Keine einzige.

Das find ich gut.

Noch find ich das gut.

Dann pflücken wir Blumen.

25 Unzählige Blumen.

Margeriten und Kornblumen.

Mohnblumen und Wiesenschaumkraut.
Die anderen Blumen kenn ich nicht.
Das find ich jetzt etwas schade.

Dann kommt Joe zurück.
5 Um seinen Hals baumelt ein Schlüsselband.
In allen Farben des Regenbogens.
Das legt er mir um den Hals.
„Die Straße dahinten. Die den Berg
hinaufführt! Rue Krunn, Nummer 86.
10 Alles klar?"
Ich nicke.
„Hab sogar schon dein Bett gemacht.
Und Vorräte für eine Woche organisiert.
Ich freu mich auf dich! Eine große Schwester!
15 Find ich gut!"
Dann müssen alle los.
Pünktlich zum Abendessen.

In der Einfahrt des Klosterhofes steht ein
Porsche. Ein uraltes Teil.
20 Dunkelrot mit sandfarbenem Dach.
Ein Mega-Cabrio!
Wahrscheinlich aus den Fünfzigern.
„Habt ihr Besuch?"
Ich zeige auf den Wagen.
25 „Mein Vater!", sagt Pierre. „Er hat eine

Werkstatt. Ist spezialisiert auf alte Autos.

Seine Leidenschaft ist der alte Porsche.

Wie du siehst!"

„Hoffentlich kommt er mir nicht entgegen!

5 Obwohl ... ich würde sie schon gerne

kennenlernen ... deine Eltern ...!"

„Dauert nicht mehr lange!", sagt Pierre.

Dann schleichen wir ins Haus.

Und ich schleiche ganz vorsichtig die

10 Stufen hoch.

Wie immer mit Herzrasen.

Und Angst im Nacken.

Aber ich begegne niemandem.

Dann lege ich mich aufs Bett. Und warte.

15 Auf Pierre. Auf mein Abendessen.

Auf jemanden zum Reden.

Ja, reden. Das wär jetzt nicht schlecht.

Maria sehnt sich nach jemandem, mit dem sie reden kann. Stell dir vor, dass du sie in ihrem Versteck besuchst. Entwirf ein Gespräch zwischen euch beiden (Zusatzblatt). Überlege dir vorher, was Maria wohl auf dem Herzen hat und was du ihr antworten bzw. was du von dir erzählen könntest.

Zum Nachdenken

Erst da bemerke ich, dass jemand hier
gewesen ist.
Auf der Leine hängt Wäsche.
Und das, obwohl heute nicht Freitag ist.
5 Und das, obwohl heute die Sonne
geschienen hat.

Ich steh auf. Betaste eine schwarze Jeans.
Schon trocken.
Sofort kriecht Panik an.
10 Wahrscheinlich will die morgen jemand
anziehen.
Wahrscheinlich kommt gleich jemand,
um die Wäsche abzunehmen.
Ich warte und warte.
15 Mein Herz klopft. Mein Magen knurrt.
Es ist fast neun.
Da muss Pierre langsam ins Bett.
Warum kommt er nicht?
Haben sie was gemerkt? Hat er Stress?
20 Steht gleich die Polizei vor meinem Bett?
Soll ich verschwinden?
In mein neues Versteck? Heute schon?

Da hör ich Schritte! Pierres Schritte.
Bin erst mal beruhigt!
25 Ich zeige auf die Wäsche.

„Schon trocken!"

„Dann nehm ich die am besten gleich ab!

Damit dich keiner stört!"

Pierre grinst. Sieht ziemlich entspannt aus.

5 Und gut gelaunt! Wie immer!

„Ich hab's fast geschafft!", sagt er. „Die Sache

mit der Adoption! Auf jeden Fall wollen

sie darüber nachdenken. Wir müssen nur

einen günstigen Zeitpunkt finden! Zum

10 Kennenlernen! Und der wäre Samstag!

Da hab ich Geburtstag! Und ich werde dich

einladen. Ganz offiziell. Mit Rowena.

Die bringt ihre deutsche Cousine mit!"

Pierre nimmt die Wäsche ab.

15 Ich verspeise ein großes Stück Pizza!

Dann hören wir Schritte!

„Meine Mutter!"

Pierre stürzt zur Tür.

Mit der Wäsche über dem Arm.

20 Ich verschwinde im Schrank.

Wie lange halte ich diesen Stress noch aus?

Meine Nerven sind nicht in allerbester Form.

Hätte jetzt gerne einfach mal Ruhe.

Ganz einfach Ruhe!

25 „Was machst du denn hier oben?"

Das könnte sie gefragt haben.

Klingt nett, dieses Luxemburgisch.
Und ist sogar zu verstehen!
„Ich hab die Wäsche abgenommen!"
Das könnte Pierre geantwortet haben.

5 Dann sind sie weg. Überall Stille.
Ich trau mich aus meinem Schrank.
Schließe die Tür ab.
Und leg mich in mein Bett.
Panther in den Arm. Augen zu.

10 Heute keine Gespenster.
Ich danke dem Schutzengel.
Ob ich es morgen schaffe, das Foto
anzuschauen?
Vielleicht!

15 **Mittwoch**

Ich schlafe tief und fest.
Bis es an der Tür klopft.
Heute gibt's Müsli mit Joghurt.
Eine Banane, einen Apfel.
20 Eine Flasche Orangensaft.
Die leben echt gut, die Luxemburger.
„Danke, Pierre!"

„Wir besuchen dich am Nachmittag!", sagt er.

„Versprochen!"

Ich pack meine Sachen. Bin unruhig.

Wer weiß, wann der Denkmalschützer hier

5 auftaucht?

Auf der Straße fühl ich mich wieder sicher.

Niemand beachtet mich. Das beruhigt.

Am Zeitungskiosk ein Blick auf die Titelseite

der Bild-Zeitung!

10 Auch heute kein Foto von mir.

Wo werden die mich suchen?

Wenn überhaupt.

Der Spaziergang tut mir gut.

Die Sonne scheint.

15 Touristen bummeln durch die Straßen.

Ein gemütliches Städtchen, dieses Echternach.

Und dann hab ich mein Ziel erreicht.

Nummer 86, Rue Krunn.

Ein gepflegtes Einfamilienhaus.

20 Ziemlich neu.

Ziemlich groß.

Mit riesigem Grundstück.

Ob tatsächlich niemand da ist?

Schon wieder Herzklopfen.

Wie lange hält mein Herz noch durch?
Wahrscheinlich nicht mehr lange!
Und was mach ich, wenn sie mich erwischen?
Abhauen? Einfach immer wieder abhauen?
5 Solange, bis ich was gefunden hab?
Wo ich bleiben kann? Einfach bleiben.
Eine Art Zuhause. So ähnlich wie früher.
Ein bisschen so wie früher.
Wenigstens ein kleines bisschen.
10 So wie früher.
Ja, das wünsche ich mir!

Ich schließe die Tür auf. Meine Hände zittern.
„Hallo?"
Keiner da. Ich atme auf.
15 Dann suche ich mein Versteck.
Ich finde es sofort.
Ein Zimmer mit Schlagzeug.
Ein Schreibtisch mit PC.
Eine kleine Tür, vielleicht 80 mal 80.
20 Dahinter ein niedriger Raum. Mit Matratze.
Ein perfektes Versteck.
Am Fußende eine Kiste mit Lebensmitteln.
Rappelvoll. Chips und Schokolade inklusive.
Wenn das mal keiner vermisst!
25 Dann spazier ich durchs Haus.
Alles schön und neu und sehr aufgeräumt.

Ein großer Garten mit Pool und Spielgeräten.
Hier lässt es sich aushalten.

Mich ruft das Schlagzeug.
Ich pack mir die Stöcke. Und dann geht's los.
5 Total irre der Sound.
Und der ist von mir. Unfassbar.
Keine Ahnung, wo ich die Energie hernehme!
Keine Ahnung, wieso sich das so gut anhört!
Keine Ahnung, warum ich nicht wieder
10 aufhören kann ...
Der Rhythmus tut mir gut.
Die Anstrengung tut mir gut.
Der Rausch beflügelt mich.
Und wenn jetzt jemand käme ... egal ...
15 Dieses wunderbare Gefühl kann mir keiner
mehr nehmen.

Und dann steht jemand hinter mir.
Ich spür es genau. Aber ich mach weiter.
Egal, was jetzt passiert!
20 Aber es passiert nichts!
Heute ist wohl mein Glückstag!
Joe, der Drummer, steht hinter mir und sagt:
„Du bist ein Naturtalent! Echt wahr! Ich wärm
jetzt mal was zu essen auf! Wenn du dich dann
25 mal von den Stöcken trennen kannst?"

Ich trenne mich nur kurz.
Nur für einen Teller Risotto.
Bis um 18.00 Uhr hab ich das Haus für mich.
Dann muss ich mich unsichtbar machen.

5   Und um 18.00 Uhr bin ich auch ziemlich
erledigt.
Ich leg mich auf die Matratze in meine
Kammer. Und schlaf sofort ein.

Um Mitternacht werde ich wach.
10 Im Haus ist es still. Ich schleiche zum WC.
Trau mich nicht, die Spülung zu bedienen.
Obwohl es Joes WC ist.
Das Bad der Eltern liegt am anderen Ende des
Ganges.
15 Auf dem Schreibtisch finde ich einen Teller
mit Käsebroten. Mein Abendessen?
Schmeckt auch um Mitternacht.

Donnerstag

Ein Geräusch! Ganz nah!
20 Ich bin sofort hellwach.
Hab Mühe, mich zu orientieren.
Bin eingehüllt in tiefe schwarze Dunkelheit.

An meinem Handgelenk die Swatch mit
Leuchtziffern.
Die Zeiger stehen auf 10.00 Uhr.
Schon 10.00 Uhr?
5 Das Geräusch ist direkt neben mir.
Hinter der Tür. In meinem Zimmer.
Ein tiefes gleichmäßiges Brummen.
Ein Staubsauger?
Ich trau mich fast nicht zu atmen.
10 Joes Mutter? Oder die Putzfrau?
Irgendwann ist es still.
Jemand verlässt das Zimmer.
Der Staubsauger schweigt.
Und ich muss dringend aufs WC.
15 Kann ich es wagen?

Ich öffne die Luke. Das Zimmer ist leer.
Ich öffne die Zimmertür. Niemand zu sehen.
Den Staubsauger hör ich jetzt unten im
Wohnzimmer.
20 Schnell aufs WC.
Kann man die Spülung unten hören?
Wahrscheinlich nicht.

Und was mach ich jetzt mit dem Vormittag?
Lesen?
25 Joe hat ein fettes Bücherregal.

Oder CDs hören?
Er hat mir einen CD-Player und Kopfhörer in
mein Versteck gelegt.
Und eine Taschenlampe.

5 Aber erst mal frühstücken.
Mein Magen knurrt nämlich.
Heute aus der Vorratskiste.
Eine Packung Zwieback und ein Glas
Erdbeermarmelade. Köstlich.
10 Dazu Apfelsaft.

Im Haus ist es jetzt still.
Ich schau aus dem Fenster.
Es wühlt jemand in den Rosenbeeten.
Eine junge Frau. Mit Jeans und T-Shirt.
15 Und mit langen roten Haaren.
Sie ist schlank. Fast zierlich.
Total jung sieht sie aus. Und schön.
Kann das ... Joes Mutter sein?
Am liebsten würde ich jetzt runtergehen.
20 Hallo sagen.
Und ihr bei der Gartenarbeit helfen.
Dazu hätte ich große Lust.
In diesem Moment verfluche ich meinen
Zustand.
25 Dieses ständige Auf-der-Flucht-Sein!

Ich bleibe am Fenster sitzen.
Riskiere meine Freiheit.
Wenn sie jetzt hochschaut!
Dann wird sie mich entdecken!
5 Und dann?
Mal sehen, was dann passiert!
Aber sie schaut nicht hoch. Es passiert nichts.
Sie arbeitet seelenruhig in den Beeten.
Und ich schaue ihr zu.

10 Um 12.00 Uhr läutet das Telefon.
Der Hörer liegt auf dem Gartentisch.
Ich kann nichts verstehen.
Aber sie geht jetzt in die Küche.
Eine halbe Stunde später die Haustürklingel.
15 Den Stimmen nach ... ist die Viererbande
eingelaufen.

Stell dir vor, die junge Frau hätte hochgeschaut
und Maria entdeckt. Was wäre dann wohl passiert?
Entwirf auf einem Zusatzblatt eine mögliche
Fortsetzung der Geschichte. Du kannst dir auch
vorstellen, dass Maria in den Garten runterläuft,
um mit der Frau zu sprechen. Denke dir dann ein
Gespräch zwischen den beiden aus.

Zum Nachdenken

Ich verzieh mich in mein Verlies.

Aber ich bin nicht lange allein.

Es ist schön, Besuch zu bekommen.

„Wenn du willst, kannst du jetzt trommeln.

5   Meine Mutter freut sich, wenn ich übe."

Ich schlage sofort los.

Hermann hält sich die Ohren zu.

Rowena stampft im Rhythmus mit den Füßen.

Und Pierre singt.

10 Luxemburgisch ist das nicht.

Deutsch und Französisch auch nicht.

Diese Sprache hat er wohl gerade erfunden.

„Essen ist fertig!"

Ich springe auf.

15 Schaffe es gerade noch, hinter der Tür zu

verschwinden.

Dann steht Joes Mutter im Raum.

Ich halte die Luft an.

„Kommt bitte runter! Bevor das Essen kalt

20 wird!"

Und ich? Soll ich an die Vorratskiste?

Oder schafft Joe es, mir was

hochzuschmuggeln?

Ich beschließe zu warten.

25 Und zu lesen.

Ich nehme ein Buch aus dem Regal.
Ich gestehe, ein sehr dünnes.
Das dünnste, das im Regal steht.
Will mich schließlich nicht überfordern.
5 Und verordne mir, es zu lesen.
Egal, was es ist.

Die Herausforderung liegt vor mir.
Die Sprache des Buches ist mir fremd.
Könnte Luxemburgisch sein.
10 Ob ich das ohne Wörterbuch schaffe?
Titel des Buches:
„De Lëtzebuerger Struwwelpéiter".
Hab wohl Glück im Unglück gehabt.
Könnte der „Struwwelpeter" sein.
15 In Luxemburgisch!
Ich erinnere mich gut.
An die etwas gruseligen, total witzigen
Geschichten.

Ich beginne zu lesen.
20 Es scheint hoffnungslos.
Aber aufgeben?
Das geht nicht!
Wenn ich hierbleibe, dann muss ich mich
an diese Sprache gewöhnen.
25 Nicht nur gewöhnen.

Richtig lernen müsste ich sie.
Sieht ziemlich kompliziert aus!

Kanner, Kanner, schéckt iech gutt,
Well wie queesch as kritt eng Rutt.
5 *Follegt gäre Mamm a Papp ...*

Hilfe!
Aber ich beiß mich da jetzt durch.
Da hab ich wenigstens was zu tun.
Aber ich werde bald erlöst.
10 Die Übersetzung muss warten.

Es gibt Fischstäbchen und Pommes.
Total lecker.
Sie sind seltsam still. Alle vier.
Das ist komisch.
15 Hat das was zu bedeuten?
Gibt's Probleme?
Hat Joes Mutter schon was gemerkt?
Werde ich gleich abgeholt?
Mir fällt die Gabel aus der Hand.
20 Mein Magen ist zu.

Auf Seite 137 erfährst du, wie die Zeilen aus dem Struwwelpeter-Buch auf Deutsch heißen.

Zum Nachdenken

Ich schieb den Teller zur Seite.
„Was ist passiert?"
Sie schauen weg.
„Zu blöd!", sagt Joe. „Damit hab ich nicht
5 gerechnet!"

Das hört sich mal wieder nach Abschied an.
„Nun pack schon aus!"
„Am Freitag kommen die Handwerker. Die
bauen ein Glashaus an. Mit Aufzug. Für Ann.
10 Sie wird langsam zu schwer. Deshalb. Und das
Schlagzeugzimmer wird Anns Zimmer.
Sie brechen eine Tür in die Außenmauer.
Sodass Ann direkt in den Aufzug kann."
Pierre legt mir den Arm um die Schulter.
15 „Wir finden schon eine Lösung!", sagt er.
„Tut mir echt leid!", sagt Joe.
Er reicht mir die Stöcke.
Und ich schlag sofort zu. Bevor ich losheule.
„Am Sonntag sehen wir dann weiter!", sagt
20 Pierre. „Vielleicht ist der Denkmalschützer
dann schon weg."
„Wer weiß, was bis Sonntag noch alles
passiert!", sagt Hermann.

An dem Tag passiert nichts Aufregendes mehr.
25 Ich bearbeite das Schlagzeug.

Falle gegen 21.00 Uhr total müde in
mein Lager.
Und träume von meinem neuen Versteck.
So gemütlich wie hier ... wird es nicht sein.
5 Gut, dass ich den Panther habe.
Zum Festhalten!

Freitag

Meine Uhr steht auf 11.00 Uhr.
Hab ich so lange geschlafen?
10 Ich krieche aus meiner Kammer.
Im Zimmer steht die Sonne.
Sieht nach Sommer aus.
Ich schau aus dem Fenster.
Joes Mutter liegt im Liegestuhl
15 und liest Zeitung.
Ich esse ein paar Scheiben Knäckebrot.
Jetzt ein Sonnenbad!
Neben dieser schönen Frau.
Wunderbar wär das! Aber ich muss ja
20 unsichtbar bleiben. Wie lange noch?

Bis zum Mittag lese ich in meiner Lektüre.
Dieses Luxemburgisch!
Eine echte Herausforderung!

Englisch finde ich einfacher.
Aber ich beiß mich tapfer durch die fremden
Wörter.

An dem Hues säi klengen Hies-chen,
5 *Deen derniewent spillt am Sand,*
Krut de Kaffi all op d' Nies-chen
An hat sech nach bal verbrannt.

Irgendwann werde ich erlöst.
Joe kommt aus der Schule.
10 „Den Nachmittag hast du für dich", sagt er.
„Meine Mutter fährt gleich in die Stadt. Sie
trifft sich mit einer Freundin! Ann fährt
viermal pro Woche in die Hauptstadt. Dort
besucht sie eine Spezialschule. In unserem
15 Kindergarten hier ist sie nur am Montag!"

Joe organisiert mir einen Teller Spaghetti
Bolognese.
Dann bin ich wieder allein.
Ich bearbeite noch ein wenig das
20 Schlagzeug.
Aber dann lockt mich der Garten.
Der blaue Himmel. Die fette Sonne.
Ich lege mich mit meinem Buch in
den Liegestuhl.

Zieh die Jacke aus.

Kremple die Hosenbeine hoch.

Sonnencreme wär heute nicht schlecht.

Ich schließe die Augen. Tut das gut!

5 Jetzt ist mir alles egal.

Wenn jetzt jemand kommt ... auch egal.

Die Sonne macht mich schläfrig.

Wärmt mich.

Hier könnte ich bleiben.

10 Für immer und ewig.

In der Hosentasche spür ich mein

Portemonnaie.

Ich zieh es heraus. Öffne es.

Jetzt ist es so weit.

15 Vorsichtig hol ich das Foto aus dem

Seitenfach.

Ich atme tief.

Dann schau ich hin.

Es ist das letzte Foto. Von uns.

20 Wir sitzen auf dem roten Sofa.

Daneben steht der Weihnachtsbaum.

Die roten Kerzen brennen.

Das war eine Woche, bevor es passiert ist.

Ein schönes Foto.

25 Wir sitzen dicht nebeneinander.

Wir lachen.

Wir sind glücklich.

Ich schlucke die Tränen runter.

Wir waren glücklich.

5 Eine glückliche Familie.

Wie gut, dass ich das Foto hab.

Wenigstens das Foto.

Und die Erinnerungen.

Die guten Erinnerungen.

10 An ein schönes Leben.

Geld gab es wenig.

Papa hatte es nicht leicht als Maler.

Aber wir haben nicht viel gebraucht.

Wir hatten das alte Haus.

15 Erbstück von Oma und Opa.

Und wir hatten uns.

Tränen tropfen aufs Papier.

Ich wisch sie vorsichtig weg.

Da hör ich sie.

20 Sie kommen näher.

Sie haben mich entdeckt.

Ich sitze wie gelähmt.

Das Foto verstecken?

Zu spät!

25 Sie schauen auf das Foto.

„Deine Familie?", fragt Hermann.

Ich nicke.

„Warum bist du denn abgehauen?", fragt Joe.

„Weil es sie nicht mehr gibt!", sage ich.

Und dann heul ich los.

5 Und kann nicht wieder aufhören.

Sie sagen nichts.

Sie streichen mir über den Rücken.

Sie flüstern.

„Aber du hast ja uns!", sagt Pierre.

10 „Das ist vielleicht nicht viel, aber doch etwas!",

sagt Rowena.

„Wir verlassen dich nicht!", sagt Hermann.

Und dann irgendwann ...

sind keine Tränen mehr da.

15 Joe reicht mir ein Taschentuch.

Pierre packt eine Tüte aus.

Mit frischen Hefeteilchen.

Hermann findet ein Kleeblatt.

Mit vier Blättern.

20 „Das bringt dir Glück!"

Hermann spürt mein Unbehagen.

Er legt mir die Hand auf den Arm.

„Ich hab da so eine Idee! Eine ziemlich

geniale!" Er lächelt.

25 Sein kleines verschmitztes Lächeln.

„Ich hab die Lösung!", sagt er.

In der Hand hält er einen kleinen Schlüssel.

Völlig unauffällig.

Mit kleinem Plastikschild.

5 „Jetzt kommt der Hammer!", sagt Hermann.

„Dieser Schlüssel!"

Er lässt ihn vor unseren Nasen baumeln.

„Mach's nicht so spannend!"

Pierre ist aufgesprungen.

10 „Nun sag schon!", sagt Joe.

„Wo soll sie denn jetzt hin?", fragt Rowena.

Den Freunden gelingt es, Maria zu trösten. Sicher
hast du noch andere Ideen, wie man jemanden
trösten kann, der traurig ist. Schreibe sie auf.

_____

_____

_____

_____

_____

_____

Zum Nachdenken

„Das ist der Schlüssel vom ...“
Hermanns Stimme ist jetzt nur noch ein
Hauch.
Fast nicht mehr zu verstehen.
5 „Der Schlüssel vom Gotischen Haus! Vom
ältesten Haus der Stadt. Frisch renoviert.
Meistens unbewohnt. Nur für besondere
Gäste!“

„Und wo hast du ihn her, den Schlüssel?“
10 Pierre nimmt ihn in die Hand.
„Meine Mutter ist ja Fremdenführerin.
Gestern hat sie Besuchern aus Amerika das
Haus gezeigt. Das passiert sonst nie.
Normale Touristen können das Haus nur von
15 außen besichtigen. Der Schlüssel hing am
Schlüsselbrett.“
„Und wenn sie den Schlüssel jetzt vermisst?“
Es geht schon wieder los.
Nichts ist sicher.
20 Ich kann jederzeit entdeckt werden.
Die verdammte Flucht nimmt einfach kein
Ende.

„Das Haus wird höchstens zweimal im Jahr
bewohnt. Echt selten. Nur von besonderen
25 Gästen. Meistens sind es Künstler.

Jetzt sollte eigentlich eine Schriftstellerin dort
wohnen. Für einen Monat. Aber sie musste
den Termin verschieben. Im Moment steht
das Haus also leer. Das ganze schöne große
5 Haus. Drei Etagen. Mit Bad. Mit Küche.
Mit Fernseher. Alles da. Und alles wunderbar.
Das schönste Haus der Stadt."

Wir schweigen.

„Und es liegt total günstig. Mitten in der Stadt.
10 Versteckt in einer kleinen Sackgasse."
Hermann sieht glücklich aus.
Dieses Angebot ...
Ja, das ist wohl der Hammer!

„Und welche Probleme gibt es? Es wird doch
15 sicher noch einen Haken geben, oder?"
Joe ist skeptisch.
„Sind besondere Vorsichtsmaßnahmen nötig?"
Hermanns Gesicht fällt etwas zusammen.
„Es gibt vielleicht zwei Probleme. Das
20 erste: Das Haus steht im Stadtplan.
Sehenswürdigkeit Nr. 8. Es könnten also
Touristen vorbeikommen. Die schauen das
Haus aber nur von außen an. Und es liegt so
versteckt, dass es fast niemand findet!"

Klingt nicht besonders dramatisch.
Mit den Touristen könnte ich leben.
Wenn die vor dem Haus stehen,
muss ich ja nicht gerade rausgehen.

5 Hermann druckst etwas rum.
Jetzt kommt wohl ein echtes Problem.
„Also hinter dem Gotischen Haus liegt das
Grundstück der Familie Petit. Die haben einen
Schäferhund. Aber der ist ungefährlich.
10 Der bellt nie. Ich würde vorschlagen, die
Vorhänge immer zuzulassen. Und abends
und nachts kein Licht zu machen! Dann kann
eigentlich nichts passieren!"

Eigentlich! Hilfe!

15 „Im Haus ist es immer hell. Auch nachts.
Weil die Straßenlaterne das Haus beleuchtet!"
„Klingt doch gut!", sagt Rowena. „Ein ganzes
Haus! Mit Küche! Und Fernseher! Sag mal was,
Maria!"

20 Was soll ich sagen?
Ich muss nehmen, was ich kriegen kann.
Und das Gotische Haus scheint ja das Beste zu
sein, was diese Stadt zu bieten hat.

Also?
Und gefährlich ist mein Leben sowieso.
Egal, wo ich jetzt unterkrieche.
„Wann soll ich einziehen?"
5 „Sofort, wenn du willst!", sagt Hermann.
Sofort? Warum nicht!
„Ja dann!", sagt Hermann. „Wer geht mit?"
In der Stadt tummeln sich noch die
Touristen.
10 Auf der Bühne spielt eine Blaskapelle.
Wir erreichen die Sackgasse unbemerkt.
„Familie Petit ist wohl nicht da. Im Garten
sitzen sie jedenfalls nicht!"
Und der Hund?
15 Der ist nicht zu sehen.

Die letzten Meter im Schleichtempo.
Dann stehen wir davor.
Vor einer Wahnsinnsfassade.
So ein schönes Haus habe ich wirklich noch
20 nicht gesehen.
Es erinnert mich an eine Kathedrale.
Mir wird ganz feierlich.
Hermann schließt die Tür auf.
Eine große Eingangshalle.
25 Dann kommt eine perfekte Küche.
Innen ist alles ganz modern.

Eine Holztreppe führt in die erste Etage.
Ein riesig hoher Raum.
Sparsam möbliert.
Sofa, Tisch und Fernseher.
5 Sieht alles irgendwie edel aus.
Eine schmale Wendeltreppe führt in die
nächste Etage.
Dort stehen zwei Betten.
Und die sind frisch bezogen.

10 „Perfekt, oder?"
Hermann sieht höchst zufrieden aus.
Ja, perfekt!
Und das Licht der Straßenlaterne reicht
wirklich aus.

15 Dann müssen sie gehen.
„Morgen also bei mir!", sagt Pierre.
„Ihr könnt schon zum Mittagessen kommen!"
Dann bin ich allein. In diesem tollen Haus.
Irgendwie ist es gut, allein zu sein.
20 In einem Haus. In diesem Haus.

Ein Foto vom Gotischen Haus und andere Fotos von
Echternach findest du auf den Seiten 135–136.

Zum Nachdenken

Keiner, der jetzt in mein Zimmer
kommen kann.
Und mich entdecken wird.
In diesem Haus fühl ich mich
5 erst mal sicher.

Ich lass mich aufs Sofa fallen.
Und stell den Fernseher an.
Totaler Luxus.
Ich zappe durch die Programme.
10 Bis mir die Augen zufallen.
Ich schaff es gerade noch die
Wendeltreppe hoch.
Werf mich aufs Bett.

Und schlafe auf der Stelle ein.

Stell dir vor, Maria wäre nicht sofort eingeschlafen,
sondern hätte vorher noch die Gedanken, die ihr
durch Kopf gehen, und ihre Gefühle – vielleicht
eine Mischung aus Glück und Angst – in einem
Tagebucheintrag zum Ausdruck gebracht. Versetze
dich in Marias Situation und schreibe auf einem
Zusatzblatt den Tagebucheintrag für sie.
Liebes Tagebuch! Ich ...

Zum Nachdenken

Samstag

Ich werde wach.
Die Sonne knallt in mein Gesicht.

Zum Frühstück trinke ich einen halben Liter
5　H-Milch. Esse eine Packung Kekse.
Dann schließe ich die Tür auf.
Ich mache einen Umweg.

Dann steh ich auf der Hauptstraße.
Dort fühl ich mich sicher.
10　Ich marschier in Richtung Marktplatz.
Dort tauche ich unter in den Massen.
Am Kiosk wie immer ein Blick auf die
Bild-Zeitung.
Auch heute kein Fahndungsfoto von mir.

15　Die Stadt ist voll von Touristen.
Es gibt einen Flohmarkt.
Überall sind Buden mit Getränken.
Würstchenstände.
Auf der Bühne imitiert eine Gruppe die
20　Beatles.
Ich lasse mich treiben.
Der Duft von gegrillten Koteletts dringt in
meine Nase.

Soll ich ein paar Euro opfern?
Lieber nicht!
Wer weiß, wofür ich die noch brauchen werde.
Außerdem ... gibt's bald Mittagessen.

5 Noch ein Gang in die Kirche.
Vier Euro für Kerzen!
Das ist wichtiger als ein gegrilltes Kotelett.
Dann mach ich mich auf den Weg ins
Kloster.
10 Ohne Geburtstagsgeschenk. Ziemlich blöd!
Aber wo finde ich so schnell was Passendes?
Und überhaupt! Was würde passen?
Ich kenne ihn zu wenig. Diesen Pierre!

Als ich den Marktplatz verlasse,
15 läuft mir Rowena über den Weg.
„Meine Cousine aus Deutschland!"
Sie lacht.
„Müssen wir noch was besprechen?"
„Ich dachte, Luxemburger stellen keine
20 Fragen!"
Rowena nickt.
„Stimmt! Aber trotzdem! Vielleicht fragen sie,
wo du wohnst?"
„Ich sollte eine Stadt nehmen, die ich kenne!",
25 sage ich.

„Am besten deine eigene! Da, wo du dich
auskennst! Oder?"
Ich weiß nicht. Ist vielleicht zu gefährlich.
Wenn sie misstrauisch werden?
5 Wenn sie ahnen, dass ich abgehauen bin?
Dann brauchen sie nur die Polizei in meiner
Stadt anzurufen ...
Und die fangen mich wieder ein.
Nein, meine Stadt werde ich nicht verraten.

10 „Berlin!", sage ich.
Berlin ist ungefährlich.
Da kenn ich mich aus.
Da haben mal meine Großeltern gelebt.
Bevor sie gestorben sind.
15 Über Berlin könnte ich ihnen was erzählen.
„Okay, Berlin!"

Rowena drückt auf die Klingel.
Was wird passieren?
Ein Mann öffnet die Tür.
20 Total jung sieht er aus.
Schlank.
Muskulös!
Dunkle Haare, Bart.
Lässig gekleidet. Jeans und Pulli.
25 Kann das der Vater von Pierre sein?

Sieht eher aus wie der ältere Bruder.
Aber der Porsche Cabrio!
Der aus den Fünfzigern!
Der passt!
5 Zu diesem Typ vor mir!

„Hallo!", sagt er.
Dann schaut er mich an.
Ziemlich lange schaut er mich an.
Ahnt er was?
10 Weiß er was?
Hat Pierre sich verplappert?
Mir wird ungemütlich.
Was soll ich tun?
Weglaufen?
15 Dann kommt alles raus!
Nein!

„Schön, dass ich dich kennenlerne, Maria!
Pierre scheint ja total verliebt in dich zu
sein! Er spricht nur noch von dir! Von dieser
20 Cousine! Ich war total gespannt auf dich!
Denn er hat natürlich einen besonders guten
Geschmack! Den hat er von mir!"
Er grinst mich an.
Ja, dieses Grinsen!
25 Das hat Pierre auch von ihm!

„Kommt rein!
Die anderen sind schon da! Wir sind im Garten.
Machen gerade ein Feuer!"

In der Küche steht eine Frau und
5 schneidet Tomaten.
Lange dunkle Haare. Nicht so groß wie ich.
Und nicht so dünn wie ich.
Sie dreht sich um.
Sie lächelt.
10 Das Lächeln ist warm.
Ich werde rot.
Wenn die jetzt meine Gedanken erraten
könnten!
Meine ganz geheimen Gedanken!
15 Könnten sie mir gefallen?
Die beiden?
Könnte es gehen?
Mit uns?
Ich finde sie total nett!

20 Aber ich muss aufpassen.
Aufpassen, dass ich jetzt nicht losheule.
Aufpassen, dass ich mich nicht in Fantasien
verrenne.
In Träume. In Wünsche.
25 Die nie wahr werden können …

Pierre hat es wirklich gut getroffen.
Mit diesen Eltern. Sandra und Christian.
Sie bieten ihm ein richtig schönes Fest.
Mit Feuer im Garten.
5 Mit Grillwürsten. Mit Salat.
Mit einer Geburtstagstorte!

Wir schreiben Karten.
Und lassen Luftballons in den Himmel fliegen.
Wir schreiben Briefe.
10 Stecken sie in Flaschen.
Bringen sie zum Fluss.
Echte Flaschenpost!
Wir bemalen T-Shirts.
Dann backen wir Waffeln.
15 Und dann hat Rowena eine Idee!
Modenschau mit den Designerklamotten vom
Dachboden.
Wir finden nicht nur die Sachen aus
Mailand.
20 Wir finden alte Kleidersäcke mit
echten Schätzen.
Sammelstücke aus den letzten Jahrzehnten.
Wann hab ich zuletzt so gelacht?

Am Abend spielt Christian auf der Gitarre.
25 Wir singen Lieder.

In allen möglichen Sprachen.

Dann wird es dunkel.

Und es gibt noch eine Überraschung.

Zwölf bunte Raketen zerplatzen am Himmel.

5 Wunderschön.

Ein toller Geburtstag!

Ja, solche Geburtstage kenne ich auch.

Und ich werde mich an sie erinnern. Immer.

Wie wird mein nächster Geburtstag sein?

10 Daran denke ich jetzt lieber nicht.

Maria hat so viele Wünsche. Stell dir vor, du bist
Maria. Schreibe einige ihrer Wünsche auf.

Ich wünsche mir so sehr, dass _____

_____

_____

Und _____

_____

_____

_____

Zum Nachdenken

Christian schaut auf die Uhr.

„Ich sollte euch jetzt langsam nach Hause
fahren!"

Schweigen im Raum.

5 Niemand will jetzt mit.

Aber Joe rettet uns.

„Ich hab den weitesten Weg. Für die anderen
lohnt es sich ja nicht. Nehmen wir den
Porsche? Da ist ja sowieso nur Platz für

10 zwei!"

„Okay!", sagt Christian. „Begleitest du die
anderen zu Fuß nach Hause, Pierre?"

Noch mal Glück gehabt!

Dann marschieren wir los.

15 Zurück zum Gotischen Haus.

Als ich allein bin, schleicht sich wieder
die Angst an.

Die Angst vor den Gespenstern.

Die Angst vor der Trauer.

20 Die Angst vor dem, was kommen wird.

Wenn sie mich entdecken ...

Wie gut, dass ich den Panther habe ...

Der tröstet mich.

Und der Schutzengel.

25 Der mich bis jetzt noch nicht verlassen hat.

Sonntag

Durch die Dachluke über mir
das schönste Blau.
Ich springe aus dem Bett.
5 Bei Tageslicht sieht das Haus noch
schöner aus. Alles groß und hell.
Riesige Fenster mit hellen Gardinen.
Ich schau hinaus.
Vor meinem Haus liegt ein Hund.
10 Ein wunderbarer Schäferhund.
Er sieht so aus,
als würde er mich bewachen.
Es wird nicht einfach sein,
dieses Haus zu verlassen.
15 Aber das hab ich jetzt noch nicht vor.

Im Rucksack finde ich Kekse und Saft.
Damit setze ich mich vor den Fernseher.
Das hatte ich in diesem Leben
auch noch nicht.
20 Fernsehgucken und frühstücken.

Aber viel Zeit bleibt mir nicht.
Nach und nach trudeln sie ein.
Erst Rowena. Dann Pierre.
Dann Joe. Und Hermann.

„Meine Mutter hätte beinahe was gemerkt!
Aber wir haben Glück gehabt: Heute Morgen
steht sie vor dem Schlüsselbrett und sagt:
‚Hab ich den Schlüssel vom Gotischen Haus
5 schon abgegeben?‘
‚Na klar!‘, hab ich da gesagt. Das Thema war
für sie damit zum Glück erledigt!“
Dann begeben wir uns in die Küche.
Spaghetti mit Tomatensauce und Parmesan.
10 Als Hauptgericht.
Zum Nachtisch wird es Eis von der
Eisdiele geben.
Pierre wird uns eine dicke Portion spendieren.

Wir sitzen am Tisch. Die Nudeln dampfen.
15 Die Tomatensauce duftet.
Rowena schaufelt uns die Teller voll.
„Das könnte jetzt immer so weitergehen!“,
sagt Pierre.
„Ich würde am liebsten auch hier einziehen!“,
20 sagt Rowena.
„Leider gibt's nur zwei Betten!“, sagt Joe.

„Hört ihr das auch?“
Hermann legt den Löffel aus der Hand.
„Da stehen Leute vor der Tür!“
25 „Wahrscheinlich Touristen!“, sagt Pierre.

„Jetzt haben sie die Tür geöffnet!",
sagt Rowena.
„Wir hätten abschließen sollen!", sagt Joe.
„Und jetzt?", frage ich.
5 „Vielleicht gehen sie wieder!", sagt Pierre.

Hermann steht auf.
Vorsichtig schaut er in die Eingangshalle.
Er zuckt zusammen.
Er dreht sich um.
10 Sein Gesicht ist knallrot.
Er kommt zurück an unseren Tisch.
„Guten Appetit!", sagt er.
„Lasst uns jetzt essen. Wär zu schade,
wenn es kalt würde!"

15 „Und?"
Mehr wage ich nicht zu fragen.
„Wir werden sehen!", sagt Hermann.

Die Stimmen werden lauter.
Gleich stehen die Leute in der Küche ...
20 „Kennst du sie?", frage ich.
Hermann nickt.
Er lächelt etwas verlegen.
Dann sagt er seelenruhig: „Der
Bürgermeister. Und andere wichtige Leute.

Und ... wahrscheinlich die Schriftstellerin!"
„Bist du sicher?", flüstert Pierre.
Hermann nickt: „Ganz sicher!"
„Und jetzt?"
5 Meine gute Stimmung sackt zusammen.
Gleich heul ich los!

„Ich finde, das Haus ist groß genug für zwei.
Sie sieht total nett aus, die Schriftstellerin!",
sagt Hermann.
10 „Sie werden mich gleich zur Polizei bringen!",
sage ich.
„Nein!", sagt Pierre.
„Das werden sie nicht. Nur über meine Leiche.
Großes Ehrenwort!"
15

Er steht auf.
„Ich geh jetzt nach Hause. Und dann werde
ich ihnen sagen: Ich komme nur zurück mit
dir! Sonst nicht! Und weil sie ohne mich nicht
leben können ... ist ja wohl klar, was sie
20 sagen!"
„Und außerdem ...!", sagt Joe.
„Bei uns könnte sie auch einziehen! Ich könnte
ihr ein Zimmer abgeben. Das Schlagzeug
kann auch im Keller stehen. Ich brauch keine
25 zwei Zimmer!"

„Ich finde, wir sollten jetzt in Ruhe
weiteressen!", sagt Rowena.
„Ist ja sowieso schon alles geregelt!"
Sie legt mir den Arm um die Schulter.
5 „Oder? Wie siehst du das?"

Ich nicke stumm.
Fühl mich etwas matt.
Aber auch sehr erleichtert.
Die Angst ist weg.
10 Egal, was jetzt kommt ...
Ich glaube, es wird gut sein!

Die Geschichte von der Ausreißerin endet hier.
Aber eigentlich ist sie noch nicht zu Ende, denn viele
Fragen bleiben offen, z. B.:
– Darf Maria im Gotischen Haus wohnen bleiben?
– Werden Pierres Eltern Maria adoptieren?
– Oder kommt sie doch noch nach Australien?
– Wird in Deutschland nach ihr gesucht?
– Und wie geht es weiter mit Marias Freunden?
Denke darüber nach und schreibe dann die
Geschichte weiter.

• • • • •

Viktualia/Maria – Rowena – Hermann – Pierre –
Joe – Ann. Suche dir eine (oder mehrere) dieser
Buchfiguren aus und schreibe einen „Steckbrief"
mit allem, was du im Buch über sie erfahren hast.
Du kannst auch Zeichnungen hinzufügen.

• • • • •

Löse das Rätsel zum Buch auf Seite 128–129.

• • • • •

Im Anhang des Buches findest du Informationen
über die Stadt Echternach (Seite 134–135).

• • • • •

Wenn du wissen möchtest, wie dieses Buch
entstanden ist, dann lies den Text über die
Autorin Doris Meißner-Johannknecht in der
Stadt Echternach (Seite 132–133).

• • • • •

Lies im Anhang des Buches die Geschichte „Kurzer
Aufbruch" von Renate Welsh (Seite 138–141) und
bearbeite die zugehörigen Aufgaben.

• • • • •

Vielleicht möchtest du das Buch auch anderen zum
Lesen empfehlen. Schreibe auf, was dir an dem Buch
besonders gut gefallen hat, und male ein Plakat, mit
dem du für das Buch werben kannst.

Zum Weiterarbeiten

Kleines Rätsel zum Buch

1. In dieser Stadt findet Viktualia Freunde.
2. So hieß Viktualias Bruder.
3. In diesem Land liegt die Stadt.
4. So heißt das große Mädchen.
5. Hier findet das Konzert von Joe statt.
6. Dieses Plüschtier bekommt Maria.
7. Dies ist Viktualias Lieblingsfarbe.
8. So heißt die Luxemburger Spezialität, die Maria von Pierre serviert bekommt.
9. Dieses Instrument spielt Joe.
10. So heißt „Rathaus" auf Französisch.
11. Dieser Junge verschafft Viktualia eine erste Unterkunft, ...
12. ... und zwar in diesem alten Gebäude.
13. Zu ihm schickt Viktualia Stoßgebete.
14. In dieser Straße wohnt Joe.
15. So heißt Joes kleine Schwester.
16. Bei ihnen wollte Viktualia auf keinen Fall über ihr Schicksal reden.
17. Dies sollen Pierres Eltern für Maria in die Wege leiten.
18. Diesen Beruf hatte Viktualias Vater.

1. | | | | | | | | **N** | | | |
2. | | | **I** | | | |
3. | | | **X** | | | | |
4. | | | **W** | | | | | |
5. | | | | **I** | | | | | |
6. | | **E** | |
7. | | | **W** | | | |
8. | | | **E** | | | |
9. | | | **G** | | |
10. | | | | | **V** | |
11. | | **I** | | | | |
12. | | **K** | | | | |
13. | | | | **T** | | | |
14. | | | | **U** | |
15. | | **A** | | | |
16. | | | | | **L** | | |
17. | | | | **I** | | |
18. | | | **A** | | | |
    | **!** |

Anhang

Als Autorin in Echternach

Seit 2002 gibt es in Luxemburg unter
dem Namen *Struwwelpippi kommt zur
Springprozession* eine sogenannte Kinderbuch-
5 autorenresidenz. Die Bezeichnung
Struwwelpippi ist zusammengezogen aus den
Titeln der Kinderbücher *Struwwelpeter* und
Pippi Langstrumpf. Die *Springprozession* findet
jedes Jahr am Pfingstdienstag in Echternach
10 statt. Tausende Erwachsene und Kinder tanzen
dabei im Polkaschritt durch die Stadt (siehe
Foto auf Seite 135).
Eine Autorenresidenz ist ein Geldpreis, mit
dem die Auflage verbunden ist, dass eine
15 Autorin oder ein Autor von Kinder- und
Jugendbüchern sich für eine gewisse Zeit

an einem bestimmten Ort aufhält – man
könnte auch sagen dort „residiert" – und
am kulturellen Leben teilnimmt. Da solche
Auszeichnungen oft von Städten ausgeschrie-
5 ben werden, nennt man diese Autoren auch
„Stadtschreiber".
Im Jahr 2006 war Doris Meißner-Johannknecht die ausgewählte Autorin in der Stadt
Echternach. Dort hat sie für die Dauer von
10 einem Monat im Gotischen Haus gelebt.
In dieser Zeit ist das Buch „Nix wie weg!"
entstanden, bei dem es sich natürlich um eine
ausgedachte Geschichte handelt. Aber diese
Geschichte könnte sich genau so ereignet
15 haben und sie spielt an Orten, die es in Echternach tatsächlich gibt. Auf den folgenden Seiten
sind daher einige Fotos der Stadt zu sehen.
Da die Autorenresidenz jeweils in den
Monaten Mai und Juni stattfindet, hatte die
20 Autorin die Möglichkeit, an der weltweit
einmaligen Springprozession teilzunehmen.

Ausführliche Informationen über die Stadt
Echternach und die Springprozession findest du
im Internet unter http://de.wikipedia.org/wiki/
Echternach_(Stadt)

Zum Nachdenken

Die Stadt Echternach

Echternach ist eine Stadt in Luxemburg, die
5.000 Einwohner hat und eine der ältesten
Kulturstätten Europas ist. Der irische
5 Wandermönch Willibrord gründete hier im
Jahr 698 eine Abtei, in der Mönche mit der
Hand Bücher schrieben und illustrierten,
z. B. ein berühmtes Evangelienbuch. Der
heilige Willibrord gilt deshalb auch als
10 Gründer der Stadt und wird als Stadtpatron
verehrt. Ihm zu Ehren findet jedes Jahr die

berühmte Springprozession statt, bei der die
ganze Stadt auf den Beinen ist.
Bekannte Sehenswürdigkeiten in Echternach
sind: die Willibrordskirche, der Klostergarten,
5 das Gotische Haus, der Marktplatz mit dem
gotischen Rathaus und ein Pavillon am Ufer
des Flusses Sauer.
Der Fluss ist zugleich die Grenze zwischen
Luxemburg und Deutschland.

10 Wenn du Prospektmaterial über das Land
Luxemburg zugeschickt bekommen möchtest,
dann sende eine E-Mail an die Botschaft in
Berlin (berlin.amb@mae.etat.lu).

Das Gotische Haus in Echternach

Die Orangerie im Klostergarten – Marias „Minischloss"

Der Luxemburger Struwwelpeter

(De Lëtzebuerger
Struwwelpéiter/
5 kurzer Auszug)

Kanner, Kanner, schéckt iech gutt,
Well wie queesch as kritt eng Rutt.
Follegt gäre Mamm a Papp …

Kinder, Kinder, verhaltet euch gut.
10 Tut ihr es nicht, bekommt ihr's mit der Rute.
Folget brav Mama und Papa …

An dem Hues säi klengen Hies-chen,
Deen derniewent spillt am Sand,
Krut de Kaffi all op d' Nies-chen
15 *An hat sech nach bal verbrannt.*

An dem Haus saß ein kleines Häs-chen,
das spielte derzeit im Sand,
bekam all den Kaffee auf das Näs-chen
und hat sich etwas verbrannt.

RENATE WELSH

Kurzer Aufbruch

Jetzt war es endgültig genug. Paul hatte die
Nase voll, er würde gehen. Weg von hier, weg
5 von ihrem Gezeter, weg von ihren Vorwürfen,
von dem ewigen Streit. Sollten sie doch sehen,
wie sie allein zurechtkamen. Ohne einen, über
den sie gemeinsam schimpfen konnten. Das war
sowieso das Einzige, was sie gemeinsam hatten.
10 Die Empörung über ihn, diesen Sohn, der eine
einzige Enttäuschung war, undankbar, frech,
langsam, faul. Der Zeugnisse heimbrachte, die
man niemandem zeigen konnte. Der schuld war,
wenn sie stritten. Sollten sie doch selbst die
15 Bierflaschen heimschleppen und den Löwenzahn
für die Kaninchen. Was interessierten ihn die
Kaninchen? Seit sie Obelix geschlachtet hatten,
waren ihm die Kaninchen egal. Die konnten
mummeln, so viel sie wollten, die konnten ihre
20 Karotten wie Zigarren aus den weichen
Mäulern hängen lassen und hin und her
schubsen, die konnten noch so weiche Ohren
haben. Das interessierte ihn alles nicht. Ihn doch
nicht.
25 Wenn die Mutter morgen früh merkte, dass
er weg war, würde sie heulen und schreien.

Sollte sie. War ihm doch egal. Sie würde auf
den Vater losgehen: Weil du ihn geschlagen
hast. Weil du zu streng warst. Weil du ihm den
Obelix weggenommen hast.

5 Aber da würde er schon längst weg sein, weit
weg. Entweder auf See. Das war bestimmt das
Beste. Schließlich war er ziemlich stark und
schnell. Er würde lügen müssen über sein
Alter. Außerdem musste er sich irgendeine

10 Geschichte ausdenken, warum er keine Papiere
vorzeigen konnte. Es würde ihm schon etwas
einfallen. Oder er könnte zu einer der
Jugendbanden gehen, über die die Zeitungen
immer herzogen. Nur hatte er eigentlich

15 keine Lust, alten Omas die Handtaschen
wegzureißen.
Es gab also viele Möglichkeiten. Vielleicht
würde er sich zuerst einmal bloß irgendwie
durchschlagen und in Ruhe nachdenken. In

20 diesem Haus konnte man nicht nachdenken,
da schrie ständig irgendwer, wollte irgendwas,
und wenn es nicht Vater oder Mutter waren,
dann brüllte der Nachbar mit seinen Töchtern.
Zwischendurch war er ein armer alter Mann,

25 der nicht einmal allein den Weg zum Klo
schaffte, aber wenn er brüllte, war er stark.
Und wenn es einmal still war im Haus, konnte

man erst recht nicht nachdenken. Die Stille
war gefährlich.
Schade, dass er Max nicht mitnehmen konnte.
Ein Wellensittich unterwegs, das ging nicht.
5 Er konnte doch nicht den Käfig mitschleppen
und unter dem Pullover konnte er Max erst
recht nicht tragen. Da würde er gar keine Luft
kriegen. Es war auch möglich, dass er ein paar
Tage lang gar nichts zu essen kriegen würde.
10 Ihm selbst machte das nicht viel aus, bestimmt
nicht, er war nicht besonders verfressen, Max
aber war der gierigste Wellensittich zwischen
hier und New York.
Er musste packen. Höchste Zeit. Er stopfte die
15 dünne Decke in den Rucksack, die bunte, die
ihm die Oma gestrickt hatte, früher, als sie
noch besser sehen konnte. Eine Badehose. Es
war zwar viel zu spät im Jahr zum Baden, aber
im nächsten Sommer würde er sie brauchen
20 und bis dahin konnte er sie als Unterhose
tragen. Den dicken Pullover, ein Hemd, zwei
Unterhosen, zwei T-Shirts. Er steckte die Seife
aus dem Badezimmer in einen Waschlappen.
Für ein Handtuch war kein Platz, er würde
25 sich mit dem Waschlappen abtrocknen, falls
er überhaupt Gelegenheit zum Waschen
hatte. Das Geld aus dem Sparschwein. Es

war weit weniger, als er erwartet hatte. Die
alten Turnschuhe und zwei Paar Socken.
Ein Sweatshirt, konnte er unterm Pullover
anziehen, wenn es sehr kalt war. Eine
5 Tafel Schokolade in die Außentasche, zwei
Äpfel, eine Packung Nüsse, Salzstangen, ein
Käsebrot. Er hätte gern mehr mitgenommen,
aber der Rucksack war voll.
Sein Pass! Der musste im Wäscheschrank sein,
10 dort bewahrte die Mutter die Dokumente auf.
Er lauschte hinaus. Kein Geräusch. War die
Mutter einkaufen gegangen? Umso besser. Als
Paul den Rucksack aufnahm, sah er, dass die
Wasserschüssel im Vogelkäfig fast leer war. Er
15 füllte sie auf, streute neuen Sand auf den Boden.
Max legte den Kopf schief und sah ihn an, hob
einen Flügel und begann, sich umständlich zu
putzen. „Also dann. Mach's gut, ja?"
Leise zog Paul die Haustür hinter sich zu, lief
20 geduckt an den Fenstern vorbei. Man konnte
nie wissen. Als er zur Haltestelle kam, fuhr
der Bus eben ab. Paul lief ein Stück hinterher,
winkte mit den Armen, schrie. Ein Gesicht
tauchte in der Heckscheibe auf, breit grinsend.
25 Paul wurde in Staub eingehüllt. Er hustete. Der
nächste Bus fuhr erst morgens um sechs. Was
jetzt? Zurückgehen kam nicht infrage.

ARBEITSANREGUNGEN

- Nenne mögliche Gründe, warum Paul von zu Hause weg will.
- Wie müsste sein Zuhause sein, damit er sich dort wohlfühlt und dableibt?
- Was wird Paul wohl tun? Schreibe die Geschichte weiter. Begründe deinen Schluss.
- Welche Gemeinsamkeiten und welche Unterschiede gibt es zwischen Paul und dem Mädchen Viktualia/Maria?
  (Tipp: Lies noch einmal auf den Seiten 5–9 nach. Fertige dann eine Tabelle an, in der du Gemeinsamkeiten und Unterschiede eintragen kannst.)

Gemeinsamkeiten	
Beide ...	
Unterschiede	
Paul	**Viktualia / Maria**
...	...

Aufgabenlösungen

S. 9: Viktualia; Heim, hat keine Familie; rabenschwarz (sehr düstere Stimmung). Das Heim
ist kein Zuhause; es wird dort nicht geliebt.
Seine Eltern und sein Bruder Tristan.

S. 18: Aus Spanien. Das Mädchen möchte nicht
erkannt werden.

S. 33: Luxemburg (Land und Hauptstadt)

S. 37: Rowena – Joggingschuhe; Hermann –
Hund; Pierre – Brötchentüte; Joe – Schlagzeug;
Ann – Kinderwagen.

S. 47: Schüssel (Nudeln mit Käsesoße), Löffel,
Kekse, Schokoriegel, Äpfel, Birnen,
Mineralwasser, Orangensaft, Knäckebrot,
Salami, Küchenpapier, Uhr, Plan,
Hausschlüssel.

S. 129: 1. ECHTERNACH, 2. TRISTAN,
3. LUXEMBURG, 4. ROWENA, 5. MUSIK-
SCHULE, 6. PANTHER, 7. SCHWARZ, 8. PATÉ
RIESLING, 9. SCHLAGZEUG, 10. HOTEL
DE VILLE, 11. PIERRE, 12. KLOSTER,
13. SCHUTZENGEL, 14. RUE KRUNN,
15. ANN, 16. PSYCHOLOGEN, 17. ADOPTION,
18. MALER.

Textquellen

Seite 132: Als Autorin in Echternach (Originalbeitrag).

Seite 134: Die Stadt Echternach (Originalbeitrag).

Seite 137: Der Luxemburger Struwwelpeter. Auszüge aus: D' Geschicht vum wëlle Jeër. Aus: De Lëtzebuerger Struwwelpéiter. Iwwersaat an op en heits gezeechnet vum Pe'l Hiersch 1980. (deutsche Übersetzung von Frank Meißner)

Seite 138: Renate Welsh: Kurzer Aufbruch. Aus: Renate Boldt und Marion Schweizer (Hrsg.): Auf und davon. Reinbek bei Hamburg: Rowohlt 1992. S. 27 ff. (Text gekürzt)

Bildquellen

Seite 132, 135, 136: Fotos aus dem Privatbesitz von Doris Meißner-Johannknecht.

Seite 134: Karte Luxemburg © Schroedel Verlag.

Seite 137: Heinrich Hoffmann; Der Struwwelpeter, 1858.